Noah St. John

Erfolg ist erlaubt!

Noah St. John

Erfolg ist erlaubt!

So räumen Sie alle Hindernisse aus dem Weg
und verwirklichen Ihre Vorstellungen

Aus dem Amerikanischen übersetzt
von Christiana Haack

mvg

Die Deutsche Bibliothek – CIP-Einheitsaufnahme

St. John, Noah :
Erfolg ist erlaubt! : so räumen Sie alle Hindernisse aus dem Weg und verwirklichen Ihre Vorstellungen / Noah St. John. Aus dem Amerikan. übers. von Christiana Haack. - Landsberg am Lech : mvg, 2000
(mvg-Paperbacks ; 08674)
Einheitssacht.: Permission to succeed <dt.>
ISBN 3-478-08674-4

Titel der amerikanischen Originalausgabe: „Permission to Succeed“
Übersetzt aus dem Amerikanischen von Christiana Haack.

Umschlaggestaltung: Felix Weinold, Schwabmünchen
Satz: FTL Kinateder, Kaufbeuren
Druck- und Bindearbeiten: Presse-Druck, Augsburg
Printed in Germany 08674/700502
ISBN 3-478-08674-4

Inhaltsverzeichnis

Ein Brief an die Leser

Liebe Leserin, lieber Leser,

dieses Buch kann Ihr Leben verändern.

Es legt dar, weshalb Sie vielleicht lieber anderen beim Vorankommen zusehen, als zuzulassen, dass Sie selbst Erfolg haben.
Dieses Buch zeigt Ihnen, warum so viele von uns sich vom Erreichen ihrer Ziele abhalten und warum kein anderer unseren Erfolg derart geschickt wie wir selbst unterbinden könnte.
Dieses Buch lehrt Sie, warum und wie Sie aufhören können, sich nach dem Erfolg, der Ihnen im Leben zusteht, auszuhungern.
Dieses Buch wird Ihr Leben verändern – sofern Sie dies zulassen.
Ich bitte Sie darum.

Mit herzlichen Grüßen
Noah St. John

Hadley, Massachusetts
August 1999

Danksagung

Der englische Begriff für „anerkennen", *to acknowledge,* stammt von einem altenglischen Wort ab, das so viel bedeutet wie „erkennen oder wissen". Wenn es etwas gibt, das ich im Verlauf meines Lebens letztendlich erkannt habe, so ist es die Tatsache, dass ich nichts allein tun kann. Zumindest nichts, was für einen anderen nützlich oder wertvoll wäre.

Wir leben in einem Universum der wechselseitigen Abhängigkeiten. Die Vorstellung vom „Selfmade-Mann" – respektive der „Selfmade-Frau" – ist grundfalsch. Dennoch glaubte ich lange Zeit, dass ich genau dies sein sollte. Im Verlauf vieler Versuche und vieler Irrtümer erkannte ich schließlich, wie schief ich damit lag. Erlauben Sie mir, folgenden Personen für ihre Beiträge zu diesem Buch zu danken (unabhängig davon, ob sie sich dessen bewusst sind oder nicht):

Meinen Mentoren im Selbsthilfe-Universum – Dale Carnegie, Dr. Napoleon Hill, Dr. Stephen Covey, Dr. John Gray, Neale Donald Walsch, Harvey Mackay und Dr. Richard Carlson – ich danke Ihnen, dass Sie mich wissen ließen, was möglich ist, und für Ihre Anwesenheit als meine unsichtbaren Ratgeber.

Meinen zutiefst empfundenen Dank an Peggy Claude-Pierre.

Herzlichen Dank an Oprah Winfrey, die Liebe und Mitgefühl einer Welt entgegenbringt, die all das so dringend braucht.

Ich danke Judy Robinett und Judy Herrell für Ihre Anwesenheit, Ihr Zuhören, Ihre Geduld, Ihr Urteilsvermögen und Ihre Einsichten, die ich aufrichtig bewundere.

Dank auch an Carol Helms, dass sie mir geholfen hat, eine besonders schwere Zeit in meinem Leben zu überstehen.

Danke an alle meine Klienten und Schüler weltweit.

Dank an Dr. Bruce Coulombe, dass er mir meinen Körper wiedergeschenkt hat.

Dank an William E. J. Doane, Neil Golden, Randy Wakerlin, Jamie O'Connell, Guy Harvey, David Bloomberg, Linda King, Clark Matthews, Steven Cournoyer, James Lowe und Dottie Walters für all ihre Liebe, Unterstützung und ihren Zuspruch.

Dank an John Feudo, dass er mich mit Jack Canfield bekannt gemacht hat, und an Jack Canfield, dass er an meine Botschaft glaubte und mein Buch seinem Herausgeber zeigte.

Dank an Peter Vegso von HCI für seine Erkenntnis, dass dieses Buch das Leben von Menschen verändern wird, und dafür, dass er mir die Möglichkeit gab, mehr Menschen zu erreichen, als ich allein es je hätte schaffen können.

Dank an die gesamte Belegschaft von HCI, insbesondere an Teri Peluso, Christine Belleris, Allison Janse, Kim Weiss, Maria Konicki, Randee Feldman, Kelly Maragni, Terry Burke und allen im Marketing-, Herstellungs- und Verkaufsteam für die Kraft ihrer Vision und all ihre Hingabe und harte Arbeit meinetwegen.

Danke an Sheree Bykofsky, meine wundervolle, charmante, fürsorgliche Agentin.

Dank an meinen tollen Recherchestab: Elise Feely von der Forbes Library in Northampton, Massachusetts.

Dank an Hilary Stagg, deren CD *Dream Spiral* ich mir während der Arbeit an diesem Buch bestimmt tausendmal angehört habe. Und an Wait Steinmetz von Steinmetz Photography.

Und schließlich danke ich meiner Mutter, meinem Vater, meinem Bruder und meiner Schwester, ohne die aller Erfolg der Welt bedeutungslos wäre. Danke, dass Ihr mir sagt, dass Ihr stolz auf mich seid. Ich liebe euch.

Teil I

Die Sachlage

Kapitel 1

Ein Wintermärchen

Mein Atem entwich dampfend meinem Mund und entschwand in den Februarabend. Ich war gerade zum Ex-Ehemann geworden. Wir hatten uns nicht gegenseitig zermürbt oder nach harten Kämpfen getrennt. Wir wussten beide, dass es das Beste war, und die ganze Prozedur vor Gericht hatte nicht einmal zehn Minuten gedauert.

Als ich in die schneebedeckte Nacht hinausschritt, kam mir ein Gedanke in den Sinn. Ich hatte genau gewusst, was ich mir von einer Ehefrau wünschte. Ich hatte getan, wozu mir all diese Ratgeber geraten hatten: Listen erstellt von den Eigenschaften, die ich mir von einer Ehefrau wünschte; mir die Frau, mit der ich zusammensein wollte, visualisiert; Affirmationen verwendet – geschriebene und gesprochene Worte, die darlegten, wie meine Partnerin sein sollte. Ich hatte sogar darum gebetet, der Richtigen zu begegnen. Und obwohl meine Exfrau und ich in Freundschaft auseinander gegangen waren, ähnelte sie überhaupt nicht der Person, von der ich geschrieben, gesprochen oder um die ich gebetet hatte. Warum war es so weit gekommen? Warum, so fragte ich mich, hielt ich mich immer davon ab, das zu bekommen, was ich im Leben wirklich wollte?

Mir verschlug es für einen Augenblick den Atem. Ich kapierte plötzlich etwas, was ich nie zuvor begriffen hatte. Ich erkannte, dass meine offensichtliche Erfolglosigkeit nichts damit zu tun hatte, dass ich nicht genügend Antrieb hatte, nicht gescheit genug war, nicht begabt oder nicht ausdauernd genug. Ich erkannte, dass sich etwas abspielte – etwas sehr Unterschwelliges, dennoch derart Machtvolles, dass es mich daran hinderte, das zu bekommen, was ich wirklich im Leben wollte.

Am nächsten Tag rief ich meinen Vater an. Ich wusste gar nicht recht, was ich ihm sagen würde.

„Vater?“ sagte ich.

„Ja?“ antwortete er. Ich holte tief Luft.

„Ist es dir Recht, wenn ich Erfolg habe?“

Am anderen Ende der Leitung herrschte Schweigen.

„Was?“ fragte er.

„Nun ja, ich habe nachgedacht. Ich war mir nie sicher, ob es in Ordnung ist, wenn ich Erfolg habe. Ich habe gewusst, dass ich erfolgreicher als du sein wollte, war mir aber nicht sicher, ob dir das Recht wäre.“ Ich atmete noch einmal tief ein. „Wäre es dir Recht, wenn ich erfolgreicher wäre als du?“

Wiederum Stille. Dann tat mein Vater etwas, worauf ich nicht vorbereitet war.

Er lachte!

„Ja, Noah“, erwiderte er. „Es überrascht mich, dass du mich das überhaupt fragen musst. Ich dachte, du wüsstest, dass deine Mutter und ich uns wünschen, dass du erfolgreich bist. Ich will, dass du wesentlich erfolgreicher bist, als ich es war. Weißt du denn nicht, dass wir uns das für dich wünschen?“

„Na ja, ich war mir nicht sicher“, meinte ich. Nach einem weiteren tiefen Atemzug sagte ich: „Es ist dir also wirklich Recht, wenn ich erfolgreicher als du werde?“ Ich wollte sicher gehen, dass ich soeben wirklich das gehört hatte, was ich glaubte, vernommen zu haben – was ich unbedingt hören musste.

„Ja, Noah. Unbedingt. Bitte sei um ein Vielfaches erfolgreicher als ich.“

Ich atmete aus.

„Danke, Vater“, sagte ich. „Das habe ich gebraucht.“

Wenn Sie erfolgreich sein wollen, brauchen Sie in Wirklichkeit nur eine einzige Sache. Wenn Sie jedoch diese eine Sache nicht besitzen, besteht nahezu keine Möglichkeit für Sie, Erfolg zu haben – oder den Erfolg zu genießen, sofern er sich tatsächlich einstellen sollte.

Was ist es nun, was Sie brauchen, um Erfolg zu haben und ihn genießen zu können – und was unterscheidet dieses Buch von all den anderen Ratgebern, die es so gibt?

Sie finden die Antworten darauf im folgenden Kapitel.

Kapitel 2

Warum Sie eine Erlaubnis zum Erfolgreich-Sein brauchen

Haben Sie sich schon einmal nach der Lektüre eines Ratgebers gedacht: „War das alles?“

Sind Sie je in ein Seminar zur persönlichen Weiterentwicklung gegangen und haben sich, nachdem es vorbei war, gewundert: „Ich habe das alles schon vorher gewusst ... wie kommt es also, dass ich noch immer nicht das mache, wozu ich meines Wissen nach fähig bin?“

Haben Sie sich schon einmal vollkommen dazu bereit gefühlt, positive Veränderungen in Ihrem Leben vorzunehmen, und dann nach ein paar Tagen oder Wochen entdeckt, dass Sie wieder in den alten Trott zurückfielen – Ihre selbstzerstörerischen Gewohnheiten und die Verhaltensmuster wieder annahmen, mit denen Sie Ihr Vorankommen selbst sabotieren? Wenn ja, haben Sie mehr Leidensgefährten, als Sie denken.

Dan, einer meiner Kursteilnehmer, erlebte folgende Geschichte: Vor etwa einem Jahr fiel mir ein Plakat mit der Einladung zu einer Telefonkonferenz über Erfolg ins Auge. Ich weiß noch, dass ich über den Termin sehr verärgert war. Er war spätabends, was bedeutete, dass ich bis gegen 10 Uhr abends in meinem Büro bleiben musste, worüber ich nicht eben erfreut war. Meine „Stimme der Vernunft“ sagte mir ständig, dass es sich dabei nur um einen weiteren dieser „Arbeite mehr und du wirst Erfolg haben“-Kurse handelte, die ich mein Leben lang besucht hatte. (Ich hatte Tausende von Dollars für Bücher, Cassetten, Kurse und Tagungen ausgegeben, und nichts davon hatte mir etwas vermittelt, was ich nicht bereits anwendete.)

Diese Telefonkonferenz unterschied sich davon jedoch völlig. Endlich verstand jemand, was ich mein ganzes Leben lang durchgemacht hatte. Sie müssen wissen, dass ich nach außen hin sehr

„erfolgreich" dastand: Ich fuhr neue Autos, reiste, arbeitete viel und verdiente gut. Ich hatte eine neue Stelle bei einem Internet-Marketingunternehmen angetreten, das wirklich sehr gefragt war. Das einzige Problem bestand darin, dass ich das alles nicht wirklich genießen konnte. Ich heimste viel Lob von Kollegen, Kunden und meinem Chef ein, aber ich glaubte es nicht ... nichts davon. Ich lächelte immer, dankte den Betreffenden und dann gab ich das Lob an die anderen weiter. Ich sagte Dinge wie: „O, vielen Dank, aber ich hätte es nicht ohne Herrn Soundso geschafft ... er hat *in Wirklichkeit* die ganze Arbeit gemacht, ich habe sie lediglich verkauft." Ich glaubte nicht, dass mir irgendeine Anerkennung gebührte. Ich gestattete mir einfach nicht die Freude an meinem Erfolg.

In der Telefonkonferenz hörte ich einige mir neue Ideen. Konzepte wie „liebender Spiegel", „zielfreie Zonen" und „sich die Erlaubnis zum Erfolg erteilen". Mir kam es so vor, als habe jemand das Licht in einem Raum angeknipst, in dem vorher nur Dunkelheit geherrscht hatte. Der Raum war wunderschön! Ich war begeistert ... endlich verstand jemand, dass ich wusste, „was" ich zu tun hatte, aber dass ich mir nie die „Erlaubnis" erteilt hatte, es tun zu dürfen.

Innerhalb von ungefähr vier Monaten wurde ich – als unmittelbares Ergebnis des Einsatzes der von Noah in der Telefonkonferenz beschriebenen Techniken – zum Verkaufsmanager ernannt und erhielt eine fast 30%-prozentige Gehaltserhöhung. Meine Abschlüsse brachen alle Rekorde. Endlich war ich erfolgreich ... oder dachte es zumindest.

Aber dennoch fehlte mir irgendetwas. Vieles in meinem Privatleben zog mich nach unten. Je erfolgreicher ich im Beruf wurde, um so schlechter ging es mir anscheinend innerlich. Ich bemühte mich immer mehr, all die „richtigen Dinge" zu tun, damit mein Leben perfekt würde. Was für ein unmögliches Ziel! Ich widerstand weiterhin dem laut Noah erforderlichen nächsten Schritt. Ich wusste, was ich tun müsste, aber ich tat es nicht, weil ich noch immer nicht davon überzeugt war, dass ich es verdiente, wirklich glücklich und erfolgreich zu sein.

Jetzt steckte ich in einer noch schlimmeren Lage. Die Lichter erstrahlten, und ich konnte genau sehen, wie wunderschön alles war, aber ich glaubte noch immer nicht, dass mir etwas davon zustand. Ich hatte mir noch immer nicht die Erlaubnis zum Erfolg erteilt.

Also rief ich Noah an. Das Gespräch verlief sehr ermutigend, aber ich log ihn noch immer an, dass alles in Ordnung sei und ich auf dem Weg zum Erfolgreich-Sein gut vorankäme. Wissen Sie, was noch trauriger ist, als einen Freund über seinen Erfolg anzulügen? Sich selbst darüber anzulügen. Noah wusste, dass ich nicht die Wahrheit sagte, aber er vermittelte mir deshalb kein schlechtes Gewissen. Sehen Sie, in der Arbeit schleppte ich immer noch neue Kunden an und bekam alles mögliche Lob, aber tief drinnen war ich überzeugt, dass ich immer weniger davon verdiente. Alte Gewohnheiten sind schwer auszurotten, und ich kämpfte noch immer gegen die Veränderung an.

In den darauf folgenden Monaten kehrte ich zu den alten Unarten des „mehr Arbeiten“ ... „mehr Anrufe tätigen! ... „sich noch mehr reinhängen“ zurück, aber ich konnte mir die Schlagworte „Erfolgsmagersucht“ und „Erlaubnis zum Erfolg geben“ einfach nicht aus dem Kopf schlagen.

Im Oktober 1998 verabredete ich ein Treffen mit Noah in seinem Büro. Wir sprachen ausführlich darüber, wie er Erfolgsmagersucht entdeckt hatte und was er tun wollte, um das Wissen darüber jedem zugänglich zu machen, der davon erfahren sollte. Seine Überzeugung und seine Begeisterung steckten mich an. Ich war wieder begeistert, aber diesmal kaufte ich Noahs Buch zu diesem Thema.

Nachdem ich Noah für seine Gastfreundschaft gedankt hatte, setzte ich mich in mein Mietauto, um nach New York zu fahren und von dort aus heimzufliegen. Ich besaß nun das Buch und dachte andauernd an all das, worüber Noah und ich uns unterhalten hatten. Ich kam zum Flughafen und wartete darauf, an Bord gehen zu können. Ich plante, das Buch während des Fluges zu lesen, zog es aber schon jetzt aus meinem Aktenkoffer und las die Einleitung. Beim Lesen kamen mir die Tränen. Nach der Begegnung mit Noah spürte ich, wie die Wörter direkt meine Seele ansprachen. Es war überwältigend. Ich musste das Buch zuklappen und weglegen.

Nach nicht einmal einer Woche hatte ich das Buch *Permission to Success* mindestens viermal gelesen. Ich trage es seitdem immer und überallhin in meinem Aktenkoffer mit mir, für den Fall, dass ich mir in Erinnerung rufen muss, was wirklich wichtig im Leben ist. Zwei Tage nach meinem Besuch bei Noah rief ich einen Freund an. Er sagte etwas, das mich zum Lachen brachte, und meinte dann: „Weißt du, das ist das erste Mal, dass ich dich lachen höre." Ich war schockiert. Wir erzählen uns die ganze Zeit über Witze, und ich konnte mich deutlich erinnern, wie ich die vorige Woche über einen seiner Scherze gelacht hatte. Ich wies ihn darauf hin, und er erwiderte: „Nein, du versteht mich nicht, das ist das erste Mal, dass du beim Lachen wirklich glücklich geklungen hast."

Danke, Noah, dass Sie mir dabei geholfen haben, zu begreifen. Meine Reise und mein Leben haben endlich begonnen.

Ich habe eine Frage an Sie. Was haben all die folgenden Ausdrücke gemeinsam?

- Erhöhen Sie Ihr Einkommen
- Gründen Sie ein eigenes Unternehmen
- Nehmen Sie ab
- Hören Sie auf, zu rauchen
- Verbessern Sie Ihr Selbstwertgefühl
- Ziehen Sie Ihre Kinder auf gesunde Weise groß
- Seien Sie im Beruf produktiver
- Verbessern Sie Ihre zwischenmenschlichen Beziehungen

Die offensichtliche Antwort lautet, dass sie wichtige Bestandteile des Lebens vieler Menschen sind. Überdies haben sie jedoch noch gemeinsam, dass sie allesamt Auswirkungen beschreiben, die man dadurch erreichen kann, dass man bestimmte Dinge auf eine bestimmte Weise tut.

Wenn Sie beispielsweise befriedigendere Beziehungen anstreben, können Sie etwa versuchen, ein besserer Zuhörer zu werden. Dutzende von Büchern, Cassetten und Seminaren versuchen Ihnen beizubringen, „wie man ein besserer Zuhörer wird". Das Gleiche gilt für jede der oben genannten Wendungen und Hunderte anderer Themen, angefangen von „wie man ein Haus kauft" über „wie man selbst einen Computer zusammenbaut" zu „wie man Strauße züchtet."

Die Art von Ratgebern, von der ich rede, nenne ich „traditionelle Erfolgsliteratur“ – das heißt, die „Wie man“-Information, die Sie seit Jahren lesen.

Der Zweck der traditionellen Erfolgsliteratur besteht darin, Ihnen beizubringen, wie man vorgeht, wenn man etwas erlernen will. Wenn wir zum Beispiel die Wörter „wie man“ vor die oben genannten Ausdrücke stellen, können wir sehen, dass die große Mehrheit der einschlägigen Ratgeber das abdeckt, was ich „Wie man erfolgreich ist“ nenne. Das heißt, sie zeigen Ihnen, wie man etwas tut, was die meisten Menschen in ihrem Privat- oder Berufsleben für wichtig erachten (z.B. „wie man ein besserer Manager wird“, „wie man abnimmt“, „wie man in Beziehungen das bekommt, was man will“ usw.).

Auf die Gefahr hin, manchen Leuten auf die Zehen zu treten – es gibt eine Frage hinsichtlich traditioneller Erfolgsliteratur, die beantwortet werden muss, und sie lautet schlicht und einfach:

Wenn Millionen von Menschen sich jahrelang in die traditionelle Erfolgsliteratur vertieft haben und sich wirklich dem Studium des Erfolges verschrieben haben – aber noch immer nicht erfolgreich sind oder sich nicht erfolgreich fühlen –, was sagt uns dies über die traditionelle Erfolgsliteratur?

Auf diese Frage gibt es drei mögliche Antworten. Eine mögliche Schlussfolgerung wäre, dass die Leute sich einfach nicht genug bemühen, die Informationen, die man ihnen vermittelt hat, umzusetzen. Während dies in der Tat bei manchen Leuten der Fall sein mag, kann es aber nicht für alle Menschen zutreffen, die diese Literatur anzuwenden versuchen. Tatsächlich gehören die Leute, mit denen ich in der Success Clinic arbeite, zu den arbeitsamsten, hingebungsvollsten, intelligentesten, kreativsten und engagiertesten Menschen, die ich je getroffen habe. Dies kann also meiner Meinung nach nicht die Antwort sein.

Die zweite Möglichkeit liegt darin, dass die traditionelle Erfolgsliteratur uns einfach die falschen Informationen vermittelt. Auch dies halte ich überhaupt nicht für zutreffend, weil das, was in den meisten „Wie man Erfolg hat“-Ratgebern und -Seminaren vermittelt wird, tatsächlich sehr gut ist und bestimmt vielen Leuten dabei helfen kann, im Leben erfolgreicher zu werden. (Dies wird dadurch belegt, dass es bei vielen der Anwendern funktioniert.)

Was ist es also dann? Wenn Millionen von Menschen sich nicht erfolgreich fühlen, nachdem sie unermüdlich „Wie man erfolgreich wird“-Informationen studiert und gehört haben – was sagt uns das über die traditionelle Erfolgsliteratur?

Die Antwort hat nichts mit einem der oben erwähnten Faktoren zu tun: dass die Leute nicht hart genug arbeiten oder die Informationen nicht stimmen. Die Antwort lautet, dass in der traditionellen Erfolgsliteratur einfach etwas fehlt – und dass ohne diesen fehlenden Teil die ganze Schufterei, die guten Absichten und alles Engagement der Welt nichts nützen wird, damit ein Mensch Erfolg hat, und dass sich die beste „Wie man“-Information auf diesem Planeten als völlig nutzlos erweisen wird.

Was ist nun diese wichtige, unbedingt notwendige Information, die der traditionellen Erfolgsliteratur jahrelang gefehlt hat?

Ehe ich diese Frage beantworte, möchte ich Ihnen einige Worte von William James ans Herz legen, den man oft als „Vater der modernen Populärpsychologie“ bezeichnet. Kurz vor Beginn des 20. Jahrhunderts erlangte William James internationale Berühmtheit, indem er normale, gesunde Menschen und ihre Reaktionen auf das Alltagsleben untersuchte. Er lagerte als Erster die Psychologie aus dem Ordinationszimmer des Arztes aus und legte sie in die Hände normaler Leute wie Sie und ich.

Eine der brillantesten Feststellungen, die ich je über menschliche Wesen gelesen habe, stammt aus der Feder von William James. In *The Will to Believe and Other Essays in Popular Philosophy and Human Immortality* schrieb er: „Eines liegt auf der Hand: Wenn wir über Menschen reden, können wir erkennen, dass sie nicht von der Logik oder dem Verstand gesteuert sind. Letztendlich werden die Menschen von ihren Gefühlen angetrieben – von ihrer *leidenschaftlichen Natur*.“

Kurz gesagt, traf William James damit den Nagel auf den Kopf. Wir Menschen werden nicht vom logischen oder vernunftbegabten Teil unseres Selbst gesteuert; wir werden in der Tat von dem geleitet, was William James unsere *leidenschaftliche Natur* nannte – jenem Teil von uns, der nicht logisch oder rational ist; der von Emotionen, Sehnsüchten und Gefühlen gesteuert wird; dem Teil, der Schmerz, Vergnügen, Ekstase, Wut, Glück, Freude und Verlust empfindet.

Viele Menschen, vor allem jene von uns, die in der westlichen Zivilisation aufwuchsen, fühlen sich durch die bloße Existenz ihrer leidenschaftlichen Natur leicht in Verlegenheit gebracht oder empfinden Scham. Warum? Vielleicht, weil viele unserer westlichen gesellschaftlichen Institutionen auf der Prämisse aufbauen, dass unsere leidenschaftliche Natur schlecht, falsch oder unmoralisch sei!

Es erhebt sich die Frage, ob es sinnvoll ist, jenen Teil von uns, der uns menschlich macht, begraben zu wollen? Ich will damit nicht sagen, dass wir wie ein Haufen toll gewordener Tiere herumlaufen sollten; ich will damit vielmehr sagen, dass viele Leute sich weigern, überhaupt zuzugeben, dass ihre Leidenschaften existieren (geschweige denn, dass wir tatsächlich von ihnen angetrieben werden), und dass diese Weigerung, wer und was wir wirklich sind, zu akzeptieren oder anzuerkennen, viel Schmerz und Unglück über mehr Menschen brachte, als wir uns vorstellen können. (Die Ironie liegt darin, dass wir beim Versuch, unsere leidenschaftliche Natur zu verleugnen oder zu begraben, damit enden, dass wir sie stärken. Das erforschen wir näher in Teil II.

Unsere leidenschaftliche Natur

Was hat die Tatsache, dass wir von unserer leidenschaftlichen Natur angetrieben werden, mit unserem Erfolg zu tun? Kurz gesagt: Alles.

Sehen Sie, als ich die Existenz eines Zustandes entdeckte, der gescheite, kreative, begabte Menschen davon abhält, sich selbst Erfolg zuzugestehen (wie ich diesen Zustand entdeckte und was dies für Sie bedeutet, erfahren Sie in Kapitel 4), erkannte ich, dass etwas Einfaches – dennoch Wesentliches – der ganzen traditionellen Erfolgsliteratur über Jahre hinweg gefehlt hatte.

Es ist schlichtweg dies:

Es gibt eine Gruppe von Männern und Frauen – intelligenten, kreativen, sensiblen, fürsorglichen, mitfühlenden Menschen –, die keinen Erfolg haben, nicht weil sie nicht über die dafür nötige Intelligenz, Fähigkeiten, Begabung, Ausbildung, Antriebskräfte oder Ausdauer verfügten ...

... *nicht,* weil sie nicht erfolgreich sein wollen ...
... *nicht,* weil sie an „Erfolgsangst" leiden ...
... *nicht,* weil sie sich selbst von etwas abbringen ...
... *nicht,* weil sie sich nicht genug anstrengen ...
... *nicht,* weil sie unmotiviert sind ...
... *nicht* einmal, weil sie nicht wissen, wie man erfolgreich ist.

Diese Menschen haben lediglich aus einem einzigen Grund keinen Erfolg:

Sie haben sich selbst nie die *Erlaubnis zum Erfolg* erteilt.

Dieses Buch wurde aus einem einzigen Grund geschrieben.

Es soll Ihnen nicht beibringen, wie man Erfolg hat, weil Sie das bereits wissen.

Es soll Ihnen auch nicht die neuesten Erfolgstipps, -techniken oder -strategien vermitteln, weil Sie bereits genug davon kennen, um erfolgreicher zu sein, als Sie es sich überhaupt vorstellen können.

Es soll Sie nicht motivieren, weil Sie bereits über all die Motivation verfügen, die Sie je brauchen werden, um alles zu bekommen, was Sie sich je gewünscht haben.

Es soll Ihnen auch nicht erzählen, Sie sollten „positiv denken", weil Sie das schon hunderttausendmal gehört haben und sich trotzdem noch wundern, warum es anscheinend nicht so wie versprochen funktioniert.

Es soll Sie auch nicht dazu bringen, etwas Seltsames oder Merkwürdiges auszuprobieren, nur weil Sie wissen, dass Sie dieselben Ergebnisse immer wieder erzielen werden, wenn Sie dasselbe immer wieder tun.

Der springende Punkt ist, dass Sie all diese Dinge bereits wissen und sie nicht noch einmal von mir hören müssen.

Nein. Dieses Buch wurde aus einem einzigen Grund verfasst.

Dieses Buch wurde deshalb geschrieben, damit Sie sich endlich – und zwar ein für alle mal – die *Erlaubnis zum Erfolgreich-Sein* erteilen.

Warum?

Weil Sie andernfalls niemals Erfolg haben werden noch haben können.

Wenn jeder erfolgreich sein möchte, warum halten sich so viele von uns selbst davon ab, genau das zu bekommen, was wir am meisten im Leben wollen?

Kapitel 3

Warum wir uns selbst vom Erfolg abhalten

Kennen Sie Leute, die über all den Verstand, die Begabung und das Können, das sie zum Erfolg brauchen, verfügen ..., aber den Erfolg, zu dem sie wirklich fähig sind, nicht erreichen?

Sind Sie jemals jemandem begegnet, dem es leicht fällt, Projekte zu beginnen ..., dem es aber unglaubliche Schwierigkeiten bereitet (wenn es ihm nicht gar unmöglich ist), sie abzuschließen?

Kennen Sie Leute, die immer dem Erfolg nahe kommen ..., aber sowie sie es beinahe geschafft haben, sich selbst kurz vor ihrem Ziel davon abbringen?

Kennen Sie möglicherweise so jemanden sehr gut?

Sie sind im Begriff zu lernen, weshalb so viele Menschen dies tun. In Teil II erfahren Sie, warum diese Verhaltensweisen tatsächlich von einem Zustand hervorgebracht werden, den ich (beinahe zufällig) entdeckte und der letztendlich selbst den gescheitesten und begabtesten Leuten das Gefühl vermittelt, sie könnten nie erfolgreich sein oder ihren Erfolg genießen. In Teil III zeige ich Ihnen auf, wie man die grundlegenden Ursachen dieses Zustandes behebt, wodurch die Verhaltensweisen beseitigt werden, die Sie davon abhielten, sich Erfolg zuzugestehen. Teil IV enthüllt, weshalb Erfolg trotz der Tatsache, dass so viel über das, was wir „Erfolg" nennen, geschrieben und gesagt worden ist, noch immer von Geheimnis, Ungewissheit und Verwirrung umwölkt ist; Teil IV schließt mit einer Definition von Erfolg, die durchaus Ihr Leben verändern könnte.

Ockhams Rasiermesser

Beginnen wir unsere Reise, indem wir einen Blick darauf werfen, warum wir Menschen das tun, was wir tun. Haben Sie schon einmal bemerkt, dass es genug Theorien über menschliches Verhalten gibt, um einen zum Wahnsinn zu treiben? Ist Ihnen auch aufgefallen, dass uns die Theorie, je komplexer sie ist, umso weniger hilft, unser Leben positiv zu verändern?

In Wissenschaftlerkreisen gibt es eine Bezeichnung für dieses Phänomen: „Ockhams Rasiermesser"; nach dem Philosophen Wilhelm von Ockham, der im 14. Jahrhundert lebte. Es bedeutet schlicht und einfach, dass eine Erklärung der Wahrheit umso wahrscheinlicher standhalten kann, je einfacher sie ist. In diesem Buch werden wir Ockhams Rasiermesser bei unserer Studie menschlicher Wesen und menschlichen Verhaltens beherzigen. Das heißt, wir werden nicht komplexe psychologische Theorien anwenden, um menschliches Verhalten zu erklären; wir werden einfach menschliches Verhalten beobachten und uns fragen: „Und aus welchem Grund machen sie das?" – und sehen, ob wir die einfachste Antwort auf diese Frage finden. Fangen wir also mit der grundlegendsten Frage an, die wir über menschliches Verhalten stellen können: „Warum tun Menschen das, was sie tun?"

Wenn man Ockhams Rasiermesser beachtet, lautet die einfachste Antwort auf diese Frage: *Menschen tun etwas, weil es für sie sinnvoll ist, es zu tun.* Mit anderen Worten: Menschen tun etwas, wenn sie wissen, warum sie es sollen, können, wollen, müssen oder gerne machen würden.

Schürfen wir doch noch etwas tiefer. Wenn Menschen etwas tun, weil es für sie sinnvoll ist, dann verstehen sie, dass sie durch dieses Tun einen Vorteil daraus erlangen oder dass dadurch etwas Gutes herauskommt.

Betrachten wir dies an einem Beispiel: Warum haben Sie sich dieses Buch gekauft? Ihre Antwort auf diese Frage lautet vielleicht: „Der Titel klingt gut", „Mir gefiel der Umschlag" oder „Ein Freund hat es mir empfohlen." Diese Aussagen erzählen jedoch nicht die ganze Geschichte. Was war Ihre Motivation hinter diesen Gründen?

Anders ausgedrückt: Wenn Sie sagen „Mir gefiel der Titel", sagen Sie in Wirklichkeit „Als ich den Titel las, glaubte ich, dass ich durch die Lektüre dieses Buches etwas bekommen würde, von dem ich gerne mehr hätte (z.B. Geld, Ansehen, Ruhm, Erfolg usw.) und aufhören würde, etwas zu bekommen, von dem ich gern weniger hätte (z.B. Fehlschläge, Kummer, Erfolglosigkeit, Schulden usw.)." Und jetzt stelle ich Ihnen die wesentliche Frage: Hätten Sie dieses Buch gekauft (oder auch nur in die Hand genommen), wenn es nicht genügend Gründe gegeben hätte, die Sie dazu regelrecht zwangen?

Natürlich liegt die Antwort auf der Hand: Wenn Sie nicht genügend Gründe gehabt hätten, die Sie zum Kauf dieses Buches zwangen, hätten Sie es nicht gekauft (oder auch nur angeschaut).

So weit war es leicht. Schauen wir uns nun die andere Seite dieses Phänomens an.

Was, wenn ich Ihnen all die Wege gezeigt oder beschrieben hätte, aufgrund derer Sie dieses Buch hätten kaufen können? Was, wenn ich Ihnen gesagt hätte, dass Sie dieses Buch mit Ihrer Kreditkarte oder mit irgendeiner Währung oder gar Naturalien bezahlen könnten?

Was, wenn ich Ihnen aufgezeigt hätte, dass Sie es übers Internet, telefonisch, persönlich, in einem Einzelhandelsgeschäft, per Katalog oder von jemandem, der es bereits erworben hat, kaufen könnten?

Ganz egal, ob Sie nun tatsächlich eines dieser Dinge tun würden oder nicht, müssen Sie doch zugeben, dass dies alles Wege sind, wie Sie dieses Buch in Ihren Besitz hätten bringen können. Nehmen wir an, dass ich Ihnen alle Wege, wie Sie dieses Buch in Ihren Besitz bringen könnten, aufgezeigt hätte, aber dass ich mir nie die Mühe gemacht hätte, Ihnen zu sagen, weshalb Sie dieses Buch kaufen sollten und wie Sie durch den Kauf profitieren würden. Hätten Sie es dann gekauft?

Die Antwort liegt wiederum auf der Hand: natürlich nicht. Aber weshalb nicht? Habe ich Sie nicht gerade über alle Wege, dieses Buch zu bekommen, informiert?

„Ja, Noah, ... aber Sie haben mir nicht genügend Gründe genannt, es zu kaufen."

Volltreffer!

„Gründe weshalb" versus „Wege wie"

Angenommen, Sie wussten, dass Sie dieses Buch wollten. Ich meine damit, dass Sie es unbedingt haben mussten. Nichts, keine Macht auf Erden, würde Sie davon abhalten, es zu bekommen. Hätten Sie einen Weg gefunden, sich dieses Buch zu verschaffen?

Darauf können Sie Gift nehmen! Wenn Sie genügend Gründe gehabt hätten, die Sie dazu zwangen, sich dieses Buch zu besorgen, hätten Sie alles Nötige unternommen, ein Exemplar aufzutreiben.

Haben Sie schon einmal in der Vorweihnachtszeit miterlebt, wie sich die Leute um das für dieses Jahr angesagte Spielzeug reißen? Warum führen sie sich wegen einer Puppe wie eine Horde Idioten auf? Sie benehmen sich so, weil sie aufrichtig glauben, dass sie dieses Spielzeug unbedingt haben müssen, und zwar *jetzt und sofort.* Deshalb sind sie bereit, alles dafür Nötige zu tun – beißen, treten, sich stundenlang anstellen, sich wie Hyänen benehmen –, um dieses Spielzeug zu bekommen.

Was zeigt uns dieses Beispiel? (Dass menschliche Wesen reichlich blöd sein können, allerdings.) Aber was es uns wirklich verdeutlicht, ist die Tatsache, dass Menschen einen Weg finden werden, etwas zu tun (und wie man es tut), wenn sie genügend zwingende Gründe dafür haben.

Sie werden bemerken, dass dieser Aspekt menschlichen Verhaltens in manchen Veröffentlichungen der traditionellen Erfolgsliteratur angesprochen wird. In der Tat verkünden uns einige der besten je geschriebenen Werke der Erfolgsliteratur: „Wenn man ein Warum entdeckt, findet man auch einen Weg." Es gibt jedoch eine andere Seite dieser Gleichung, die noch nicht adäquat angesprochen wurde, einen derart vitalen Faktor, dass er vielleicht sogar noch wichtiger für Ihren Erfolg ist, als herauszufinden, „warum" man etwas tut.

In der traditionellen Erfolgsliteratur fehlt schlicht und einfach Folgendes: Es stimmt, dass jemand, wenn genügend Gründe dafür sprechen, warum er etwas tun sollte, einen Weg finden wird, dies zu tun. (Dies bezeichne ich als den Unterschied zwischen dem „Warum" und dem „Wie" des Erfolges.)

Aber was ist mit dem „Warum nicht" des Erfolgs?

„Warum" versus „Warum nicht"

Denken Sie daran: der Zweck traditioneller Erfolgsliteratur liegt darin, Ihnen beizubringen, „wie man Erfolg hat". Und da es stimmt, dass Sie das „Wie" (Wege), etwas zu bekommen, finden werden, wenn aus Ihrer Sicht genügend „Warum" (Gründe) dafür sprechen, etwas zu bekommen oder zu erreichen, rieten Ihnen einige der besten Werke traditioneller Erfolgsliteratur, Sie sollten sich auf das „Warum man etwas bekommt" konzentrieren, um herauszufinden, „wie man es bekommt". Dies ist sinnvoll, und es funktioniert – bis zu einem bestimmten Punkt.

Aber nehmen wir einmal an, Sie kennen bereits Ihr „Warum" des Erfolges. Was ist mit Ihrem „Warum nicht"?

Was meine ich mit Ihrem „Warum" und Warum nicht" des Erfolges? Lassen Sie mich ein Beispiel anführen. Was, wenn ich Ihnen etwas zeige und Sie, aus welchem Grund auch immer, sich dafür entscheiden, dass Sie es wirklich nicht tun oder bekommen wollen. Denken Sie an etwas, das Sie niemals tun wollen würden. (Ich denke bei dieser Übung an Kokainschnupfen, weil ich es für das Abscheulichste überhaupt halte, was ich weder mir noch jemandem, der mir wichtig ist, jemals zu tun erlauben würde.) Fällt Ihnen etwas ein, das Sie wirklich auf gar keinen Fall tun wollen?

Wenn Sie jetzt daran denken, was Sie niemals tun wollen würden, sind Sie dann motiviert, loszuziehen, um es zu realisieren? Natürlich nicht! Wir sagten gerade, dass Sie es nicht tun wollen – und es ist doch wohl klar, dass Sie nicht motiviert sind, etwas zu machen, das Sie nicht tun wollen, nicht wahr?

Ich möchte, dass Sie über den Unterschied nachdenken zwischen dem Nicht-Motiviert-Sein, etwas zu tun, und dem Motiviertsein, etwas *nicht* zu tun. Es besteht ein wesentlicher Unterschied zwischen der nicht vorhandenen Motivation, etwas zu tun, und der Motivation, etwas *nicht* zu tun. Ersteres heißt, dass wir einfach nichts unternehmen, um das zur Diskussion Stehende zu tun oder zu bekommen. Letzteres bedeutet, dass wir aktiv sicher gehen, dass wir das zur Diskussion Stehende nicht tun oder bekommen. Anders ausgedrückt, wir bewegen uns nicht nur nicht darauf zu, wir bewegen uns sogar direkt davon weg.

Warum das „Wie" nicht ausreicht

Denken Sie jetzt an das, was Sie wirklich nicht noch einmal wollen, das, was Sie wirklich auf keinen Fall bekommen möchten. Was, wenn ich Ihnen alle Wege aufzeigen würde, auf die Sie es bekommen könnten, dieses Etwas, das Sie wirklich nicht wollen und mit dem Sie sich in Ihrem Leben so gar nicht wohl fühlen würden?

Was würde in meinem Beispiel des Kokainschnupfens passieren, wenn mir jemand verriete, wie ich an Kokain gelangen könnte? Was, wenn man mir sagte, dass es diese Woche im Angebot sei und ich eine Tüte kaufen könnte und eine zweite gratis bekäme? Ich verwende ein lächerliches Beispiel, um einen Punkt zu verdeutlichen: Es würde wirklich keine Rolle spielen, was mir jemand sagte, ich würde um nichts in der Welt Kokain kaufen, geschweige denn schnupfen. Weil ich nämlich gesehen habe, wie Drogen Menschen, Familien und Gemeinschaften zerstören können (zudem finde ich Drogen ekelhaft).

Der Punkt ist Folgender: Wenn Sie etwas nicht wollen oder wenn Sie denken, dass der Besitz, das Ausüben oder Bekommen einer Sache Ihnen oder denen, die Sie lieben, Leid oder Unglück bringen wird, werden Sie motiviert sein, es nicht zu bekommen – ganz egal, was Ihnen jemand darüber erzählt, wie man es bekommt.

Erinnern Sie sich an unsere leidenschaftliche Natur in Kapitel 2? Wenn wir auf einer emotionalen, leidenschaftlichen Ebene (aus dem Bauch heraus) glauben, dass es schlecht für uns oder unsere Mitmenschen sei, wenn wir etwas bekommen, werden wir es nicht erhalten – ganz egal, was Logik oder Verstand uns auch sagen.

Was kommt also unter dem Strich heraus? Wenn wir genügend Gründe haben, warum wir etwas nicht bekommen wollen, werden wir es nicht kriegen, ganz egal, wie viele Wege, wie es zu erhalten ist, wir auch kennen.

Die entscheidende Annahme, von der die traditionelle Erfolgsliteratur ausging – und warum sie sich letztlich als falsch erwies

Die traditionelle Erfolgsliteratur hat Millionen von Menschen (einschließlich mir) dazu verholfen, ihr Leben besser zu gestalten. Das kommt daher, weil die meisten der „Wie man Erfolg hat“-Informationen, die veröffentlicht wurden, sehr nützlich sind und wirklich funktionieren. Dennoch ist die traditionelle Erfolgsliteratur von einer grundlegenden Annahme ausgegangen, die sich letztlich als falsch erwies. Diese war nahezu nicht (in Worte) zu fassen; sie war so schwer zu beschreiben, dass die Leute, die versuchten, sie darzustellen, ihre Existenz gar nicht richtig wahrnahmen. Bis ich „zufällig“ einen Zustand entdeckte, der die Menschen davon abhält, sich selbst Erfolg zuzugestehen, war sich in der Tat niemand überhaupt darüber im Klaren, dass es sich bei dieser These lediglich um eine Annahme handelte!

Die Voraussetzung, von der in der traditionellen Erfolgsliteratur ausgegangen wurde, bestand einfach darin: Sie und ich und alle, die sie lasen, hatten sich bereits die *Erlaubnis zum Erfolg* erteilt.

Warum kam es zu dieser Annahme? Aus einem sehr einfachen Grund. Dies geschah nicht aus Boshaftigkeit oder mit böser Absicht von Seiten der Autoren. Es geschah einfach, weil den Autoren der traditionellen Erfolgsliteratur nie die Möglichkeit in den Sinn kam, dass sich irgendjemand *nicht* die Erlaubnis zum Erfolg geben könnte.

Dies war eine sehr logische Annahme; schließlich mussten die Autoren gedacht haben, dass jeder Leser eines „Wie man Erfolg hat“-Buches bereits wüsste, „warum er Erfolg haben“ sollte. Was allerdings die Autoren der traditionellen Erfolgsliteratur zu berücksichtigen vergaßen, war die Tatsache, wie mächtig das „Warum nicht“ des Erfolges in Wirklichkeit ist, wie wir eben besprochen haben (und noch eingehender in Teil II erläutern werden).

Resultat dieser Annahme ist (wie wir ebenfalls in Teil II sehen werden), dass eine erstaunlich große Zahl von Menschen nicht nur nicht weiß, dass sie Erfolg haben darf, sondern dass Millionen von Menschen tatsächlich glauben, dass für sie sogar der *Wunsch* nach Erfolg schlecht, falsch oder unmoralisch sei. Sie glauben aufrichtig (und unbewusst), dass sie keinen Erfolg haben könnten, sollten oder sogar dürften. Dies macht alle ihre Anstrengungen auf der „Wie man Erfolg hat“-Ebene des Lebens absolut nutzlos, weil sie buchstäblich genau die Sache von sich wegstoßen, die zu bekommen sie sich so abmühen.

Weil die Autoren der traditionellen Erfolgsliteratur annahmen, dass wir uns bereits die Erlaubnis zum Erfolg erteilt hätten (weil es ihnen nie in den Sinn kam, dass es sich nicht so verhalten könnte), erwähnten sie uns gegenüber einfach nie, was uns passieren könnte, wenn wir uns dies nicht gestatteten.

Diese eine Annahme ließ Millionen von Menschen glauben, sie wären allein mit diesem Problem – der Einzige, der glaubte, es sei schlecht oder falsch für ihn, erfolgreich zu sein –, oder dass sie irgendwie „anders“ seien, weil sie davon ausgingen, dass sie einfach niemals erfolgreich sein würden, ganz egal, wie sehr sie sich auch bemühten.

Aus diesem Grund lesen Sie kein „Wie man Erfolg hat“-Buch.

Sie lesen das erste „Wie man sich Erfolg gestattet“-Buch, das je geschrieben wurde.

Was geschieht, wenn ein intelligenter, sensibler, kreativer, mitfühlender Mensch – einer, der alles darüber weiß, „wie man Erfolg hat“ – glaubt, dass er nicht erfolgreich sein könne oder solle oder dürfe?

Teil II

Die Umstände

Kapitel 4

Wie ich die Erfolgsmagersucht entdeckte

Am 20. Oktober 1997 stand ich am Morgen auf, meditierte, duschte, rasierte mich und frühstückte, wie ich es hundert Male zuvor getan hatte. Ich war ein 32-jähriger College-Student, der in zwei Semestern seinen Undergraduate-Abschluss in Vergleichender Literaturwissenschaft machen würde. Ich war überdies geschieden, lebte in einem 30 Quadratmeter großen Ein-Zimmer-Apartment und fragte mich, wann ich wohl dahinter käme, was ich aus meinem Leben machen sollte.

Seit ungefähr sechs Monaten hatte ich an einem Buch darüber geschrieben, wie Führungsprinzipien durch heilige Schriften ausgedrückt werden. Na ja, die Wahrheit ist, dass ich mit dem Buch noch gar nicht begonnen hatte – ich hatte sechs Monate lang an dem *Entwurf* gebastelt.

Damals kam es mir so vor, als hätte ich mich mein gesamtes Leben lang mit Erfolgsliteratur befasst, dennoch konnte ich so gut wie nichts vorweisen. Meine Scheidung hatte vor genau acht Monaten stattgefunden. Ich hatte mich vom Studium beurlauben lassen (weil ich herauszufinden versuchte, was ich aus meinem Leben machen sollte), und ich wollte keine Arbeit annehmen, weil ich meine Zeit ausschließlich meinem Buchprojekt widmen wollte. Mit anderen Worten, ich war es leid, für andere Leute zu arbeiten, und das in Jobs, die ich nicht ausstehen konnte. Da mir aber niemand angeboten hatte, mich für die Arbeit an dem Entwurf eines Buches zu bezahlen, stand ich einer unsicheren finanziellen Zukunft gegenüber.

Ich hatte keine Ahnung, dass sich bis zum Ende des Tages mein Leben für immer verändern würde.

Im Verlauf dieser Woche hatte ich erfahren, dass ein am Ort befindliches College ein kostenloses Seminar darüber anbieten würde, wie man Essstörungen verstehen und behandeln könne. Ich entschloss mich zur Teilnahme daran, weil ich im Laufe meines Lebens viele Leute kennen gelernt hatte, die an Magersucht oder Bulimie litten, und ich glaubte, das Seminar würde vielleicht ein wenig Licht auf das Thema werfen; außerdem hatte ich wirklich nichts Besseres zu tun. Zudem kostete es nichts.

Kurz vor 7 Uhr kam ich ins Seminar mit ungefähr 200 anderen Leuten. Die Referentin wurde vorgestellt und sagte, sie werde viele der Mythen über die vermeintlichen Gründe von Essstörungen zerstören, einschließlich des Mythos, dass Magersüchtige körperlich oder sexuell misshandelt worden, dass sie egoistisch, zu beherrscht oder zu sehr mit sich selbst beschäftigt seien oder dass sie wie ein Model auszusehen versuchten. Die Vortragende sagte, dass ihre Erfahrungen mit Tausenden von Frauen und Männern, die fast an Essstörungen gestorben seien, zeigten, dass diese Menschen in Wirklichkeit Folgendes seien:

- Hochintelligente, sehr kreative Menschen
- Leistungsträger (meistens Studenten mit ausgezeichneten Leistungen oder Perfektionisten)
- Intuitiv und äußerst empathisch – zutiefst im Einklang mit den Emotionen anderer
- Fürsorglich, mitfühlend und besorgt um die Gefühle anderer
- Überempfindlich auf Kritik oder Missbilligung von anderen, insbesondere von ihren Familienangehörigen

Sie erläuterte, dass diese Menschen auch leicht dem Glauben anheim fallen, sie seien für die Gefühle aller anderen verantwortlich, in starkem Maße zu Depression und Isolation neigen und dazu tendieren, sich aus sozialen Bindungen zurückzuziehen, und im Allgemeinen an intensiver Selbstverachtung leiden.

Während ihres Vortrages dachte ich ständig: *„Junge, Junge, das klingt ja so, als würde sie* mich *beschreiben."*

Die Referentin führte dann aus, sie habe die wirkliche Ursache von Essstörungen entdeckt: die Tatsache, dass diese intelligenten, überempfindsamen Menschen „ein zwei geteilter Geist" wären. Sie nannte dies *„Negativer Geist"* und *„Eigentlicher Geist"*. Sie beschrieb den Negativen Geist als eine „Stimme" im Kopf des Betroffenen, die dem Magersüchtigen solche Dinge sagt wie: „Alle wären umso viel glücklicher, wenn du nicht da wärst", „Wie konntest du nur so egoistisch sein?", „Du machst nie etwas richtig", „Warum stirbst du nicht einfach?"

Die Rednerin legte schließlich dar, der „Eigentliche Geist“ (die Bezeichnung der Rednerin für die wirkliche Persönlichkeit oder das eigentliche Selbst des Magersüchtigen) der Betroffenen werde durch dieses andauernde Sperrfeuer des Negativen Geistes schließlich so geschwächt, dass sie zu glauben beginnen, andere wären glücklicher, wenn sie einfach nicht da wären. Dies veranlasst Magersüchtige dazu, ihren „Mangel an Selbst“ in solchen Verhaltensweisen wie selbst auferlegtem Schmerz, Rückzug von anderen und Nahrungsverweigerung auszudrücken. Deshalb weigern sich Magersüchtige zu essen – nicht weil sie abzunehmen versuchen, sondern weil sie tatsächlich glauben, dass das Leben besser sei, wenn es sie nicht gäbe.[1]

Der Augenblick, in dem sich mein Leben für immer veränderte

Dann sagte die Rednerin etwas, was den Lauf meines Lebens veränderte. Sie meinte, dass acht Mal mehr Frauen als Männer Essstörungen bekommen. Zudem führte sie aus, dass Männer, die an einem zutiefst negativen Selbstbild leiden, ihren „Mangel an Selbst“ wahrscheinlich anders als durch Essstörungen ausdrücken. In den nächsten paar Sekunden kam mir eine völlig unerwartete Erkenntnis – ein Augenblick vollkommenen Wissens; und in diesem Augenblick wusste ich, dass ich gerade etwas entdeckt hatte, das nicht nur den Verlauf meines eigenen Lebens, sondern auch den von Leuten auf der ganzen Welt verändern würde. In genau diesem Augenblick wurde das Buch, das Sie gerade in der Hand halten, geboren.

Ich stellte mir in diesem Moment zwei einfache Fragen: „Warum bekommen acht Mal mehr Frauen als Männer Essstörungen? Und warum habe ich, wenn ich mich so stark mit der Beschreibung eines daran Erkrankten identifiziere, keine gestörtes Essverhalten?“

---

[1] Aus einer Rede von Peggy Claude-Pierre im Mount Hoyoke College, 20. Oktober 1997.

Ich wusste, dass dies nicht daran liegen konnte, weil nur Frauen ein zutiefst negatives Selbstbild entwickeln; wie bereits erwähnt, identifizierte ich mich stark mit der Beschreibung einer an Essstörungen leidenden Person und zweifellos auch mit einem „Mangel an Selbst". Deshalb, so erkannte ich, musste es eine andere Erklärung dafür geben. Aber welche?

Um diese Frage zu beantworten, stellte ich mir noch eine weitere Frage: „Besteht ein Unterschied hinsichtlich dessen, worin den Behauptungen zufolge der Wert von Frauen bzw. der Wert von Männern liegen soll?"

Ich erkannte sofort, dass in der Tat ein solch signifikanter Unterschied besteht.

Worin den Behauptungen zufolge der Wert der Frauen liegen soll

Schieben wir einen Moment meine Antwort auf die gerade gestellte Frage auf. Lassen Sie mich eine weitere Frage anschließen: Was wurde Frauen traditionellerweise gesagt oder beigebracht, worin ihr Wert liege? Wann immer ich diese Frage in meinen Workshops oder Seminaren stelle – ganz egal, wo auf der Welt –, geben Frauen unweigerlich darauf die Antwort: „In ihren Körpern."

Das heißt, Frauen wurde (buchstäblich jahrhundertelang) beigebracht oder gesagt, dass ihr Wert in ihrem *physischen* Körper liege oder davon abhänge (z.B. ihr Aussehen oder ihre äußere Erscheinung). Bitte beachten Sie, was ich *nicht* sage. Ich behaupte *nicht,* dass der Wert einer Frau in ihrem physischen Körper liegt. Ich sage, dass dies das ist, was Frauen sowohl implizit wie explizit beigebracht oder gesagt wurde, nahezu jeder Frau, und zwar seit Jahrhunderten. (Offensichtlich gibt es Ausnahmen dieser Regel; doch auf der Grundlage der Erfahrungen von Hunderten von Frauen von Afrika bis Australien ist es klar, dass diese Erfahrung für die große Mehrheit der Vertreterinnen des weiblichen Geschlechts zutrifft.)

Denken Sie einen Moment darüber nach. Was würde passieren, wenn eine Frau, der beigebracht oder gesagt wurde, dass ihr Wert von ihrem Körper abhängt, einen zutiefst negativen Selbstglauben entwickelte, so dass sie mit der Zeit glaubte, die Leute wären glücklicher, wenn sie nicht da wäre? Ergäbe es nicht einen Sinn, dass diese Person eben jenen Teil von sich aushungern würde, der ihrem Gefühl nach den meisten Wert trägt – anders ausgedrückt ihren physischen Körper?

Zu dieser Schlussfolgerung kam ich in dem Seminar an jenem Abend. Das würde erklären, weshalb eine Person, die einen zutiefst negativen Selbstglauben entwickelt, ihren Körper aushungert – weil sie den Teil ihres Selbst angreift, den sie (unbewusst) für den wertvollsten hält.

„Deshalb", folgerte ich, „würde im Fall einer überempfindsamen, intelligenten Person, die einen ‚Mangel an Selbst' entwickelt hat – und der beigebracht wurde, dass ihr Wert in ihrem Körper liegt – die Reaktion dergestalt sein, dass sie sich weigern würde zu essen (sie also ihren physischen Körper aushungern würde)." Das war die einfachste Erklärung, die ich je gehört hatte, weshalb sich eine intelligente sensible Person die Nahrung verweigert.

Worin den Behauptungen zufolge der Wert der Männer liegen soll

„Was ist mit den Männern?" fuhr ich fort. „Was hat man Männern beigebracht oder gesagt, worin ihr Wert liegt?" Folgendes lag auf der Hand: Während Frauen gesagt wurde, dass ihr Wert in ihrem physischen Körper liege, hat man den Männern beigebracht, dass ihr Wert in ihrem *materiellen* Körper bestehe (also z.B. ihrem Grad an Erfolg, Status, materiellen Gütern oder ihrer gesellschaftlichen Position).

Bitte beachten Sie wiederum, ich sage nicht, dass der Wert eines Mannes in seinem Grad an Erfolg liegt. Ich sage vielmehr, dass in der großen Mehrheit der Fälle Männern beigebracht oder gesagt wurde, dass eben hierauf sein Wert beruhe. (Wiederum wurde diese Erfahrung von Männern – und Frauen ebenso – überall auf der Welt, wo ich unterrichtete, erhärtet.)

Deshalb kam ich zu folgendem Schluss: „Wenn eine Person, der man gesagt hat, ihr Wert begründe sich auf den Grad ihres

Erfolges, einen zutiefst negativen Selbstglauben entwickelte, würde es dann nicht einen Sinn ergeben, wenn diese Person den Aspekt ihres Selbst aushungerte, den sie für den wertvollsten hält – anders ausgedrückt ihren materiellen Körper (im Gegensatz zum physischen Körper)?

„Und würde das nicht bedeuten", so folgerte ich weiter, „dass das äußere, sichtbare Verhalten, das diese Person an den Tag legt, solcher Art wäre, dass sie sich dem Erfolgreich-Sein verweigert?"

Ja, sagte ich zu mir, das ergibt einen Sinn. Tatsächlich machte diese Erkenntnis viel mehr Sinn als alles, was ich je zum Thema Erfolg gelesen oder gehört hatte.

In diesem Moment erkannte ich Folgendes: Wenn der Negative Geist eines Menschen (darauf kommen wir im nächsten Kapitel zu sprechen) einen „Mangel an Selbst" erzeugt, der sich in seinem physischen Körper manifestiert, erzeugt er „Ess-Magersucht – das Sich-Aushungern in puncto Nahrung. Wenn nun jedoch derselbe Mechanismus (ein zutiefst negativer Selbstglauben) einen Mangel an Selbst in einer Person verursachen sollte, die glaubt, dass ihr Wert in ihrem Grad an Erfolg begründet liegt, müsste er etwas hervorrufen, was man nur als das *Sich-Aushungern in puncto Erfolg* bezeichnen könnte.

In diesem Moment erkannte ich, dass ich gerade etwas entdeckt hatte. Es war ein Zustand, an dem Millionen von Menschen leiden; aber da dies bisher noch niemand erkannt hatte, gab es nicht einmal einen Namen dafür. Ich sah, dass mir soeben die Verantwortung zugefallen war, den Leuten nicht nur zu sagen, dass es diesen Zustand gab, sondern auch, ihn zu benennen.

Der namenlose Zustand

Die Angst vor Erfolg. Selbstsabotage. Haben Sie sich je gefragt, woher diese Dinge kommen oder wodurch sie entstehen?

Ich hatte mir diese Frage vor diesem schicksalhaften Seminar hundert Male gestellt. An diesem Abend erkannte ich jedoch, dass ich mich, wie Millionen andere, vor meiner Erfolglosigkeit in „Angst vor Erfolg" oder „Selbstsabotage" geflüchtet hatte – obwohl dies bloß leere Phrasen gewesen waren, die keinerlei Erklärung dafür boten, weshalb wir so etwas tun oder wie wir aufhören können, dies zu tun!

Ich hatte nie jemanden so klar erklären hören, was die Angst vor Erfolg oder Selbstsabotage tatsächlich hervorruft, wie ich es eben in Gedanken vor mir gesehen hatte. An diesem Oktoberabend erkannte ich etwas, von dem ich bei meiner jahrelangen Lektüre traditioneller Erfolgsliteratur niemals gehört oder gelesen hatte: dass die Angst vor Erfolg und Selbstsabotage nicht die Ursachen des Misserfolges sind – sondern vielmehr Auswirkungen, die durch etwas anderes verursacht werden.

Aus den oben genannten Gründen und dank der Erkenntnis, die ich Ihnen beschrieben habe, wurde ich plötzlich – aus welchem Grund auch immer – die erste Person, die das Vorhandensein eines Zustandes identifizierte, der in der Tat die Angst vor Erfolg hervorruft und das Verhalten produziert, das wir normalerweise als „Selbstsabotage" bezeichnen. Weil ich den Zustand entdeckte und die Verantwortung trug, anderen darüber zu berichten, erkannte ich, dass ich mir einen Namen dafür ausdenken musste.

Deshalb nannte ich diesen Zustand *Erfolgsmagersucht.*

Was ist Erfolgsmagersucht?

Erinnern Sie sich an Ockhams Rasiermesser – das Einvernehmen, dass die einfachste Erklärung üblicherweise die meiste Wahrheit enthält? Gemäß Ockhams Rasiermesser sehen wir, dass sich gerade eine einfache Wahrheit vor uns entfaltet hat, und zwar:

Es gibt bestimmte überempfindsame, intelligente, mitfühlende Menschen, die einen zutiefst negativen Selbstglauben entwickelt haben. Dies verursacht oft das, was man am besten als „Mangel an Selbst" beschreiben kann. Wenn Menschen mit einem zutiefst negativen Selbstglauben der Überzeugung sind (weil man ihnen dies beigebracht hat), dass ihr Wert in ihrem Grad an Erfolg (also ihrem materiellen Körper) liegt, kann sich ihr Mangel an Selbst in einem Sich-Aushungern in Bezug auf Erfolg manifestieren. Das bedeutet, das äußere, sichtbare Verhalten, das diese Menschen an den Tag legen, wird dergestalt sein, dass sie sich weigern, Erfolg zu haben, so wie jemand mit einer Essstörung sich weigert, zu essen.

Deshalb leiden diese Menschen an etwas, das man am zutreffendsten als Erfolgsmagersucht *bezeichnen kann.*

Ich weiß, dass es für manche seltsam oder komisch klingen mag, über „die Weigerung, Erfolg zu haben", über „sich in puncto Erfolg aushungern" und Erfolgsmagersucht zu sprechen. Aber wenn wir eine neue Sichtweise für etwas entdecken, müssen wir eine neue Art, darüber zu reden, erfinden. Sprechen wir nicht auch über Erfolg in Begriffen, die denen stark ähneln, mit denen wir übers Essen reden? Wer hat nicht schon den Ausdruck „der süße Geschmack des Erfolges" gehört? Oder „der Geschmack des Sieges", „die Früchte unserer Arbeit", „unsere Pläne tragen Früchte" usw.

Der Punkt ist, ob es nun komisch klingt oder nicht, folgender: Diese Sache, die wir „Erfolg" nennen, ist etwas, wonach Menschen hungern – und unglücklicherweise verzehren sich auch viele von uns hinsichtlich eben der Sache, die wir am meisten wollen. (Die einfachste Definition von Erfolg, die mir je zu Ohren kam, ist in Kapitel 17 zu finden.)

Was ist mit den Frauen?

Nachdem Sie gelesen haben, welche Unterschiede darin bestehen, was man Männern und Frauen beigebracht hat, worin ihr Wert jeweils liegt, fragen Sie sich vielleicht: „Heißt das nun, dass Frauen keine Erfolgsmagersucht bekommen?"

Kehren wir wieder zu Ockhams Rasiermesser zurück, um diese Frage zu beantworten. Es liegt auf der Hand, dass man Frauen traditionellerweise beigebracht hat, dass ihr Wert oder ihre Bedeutung in ihrem physischen Körper liegt, wohingegen Männern vermittelt wurde, dass ihr Wert oder ihre Bedeutung von ihrem Grad an Erfolg herrührt.

Nun ist es jedoch auch klar, dass heute Frauen ebenso lang und ebenso hart wie Männer arbeiten – oft härter und länger! Deshalb scheint es wahrscheinlich, dass Erfolgsmagersucht heutzutage Frauen beinahe genauso oft wie Männer treffen müsste, weil viele Frauen mittlerweile auch der Auffassung sind, dass ihr Wert in ihrem Grad an Erfolg liegt.

Exakt dies ist auch der Fall. In der Tat sind mehr als die Hälfte meiner Klienten und Seminarteilnehmer Frauen.

Offensichtlich betrifft Erfolgsmagersucht Männer und Frauen nahezu gleichermaßen, was keineswegs dem Verhältnis von 8:1 (Frauen zu Männer) entspricht, das man bei Essstörungen findet. Meines Erachtens spiegelt diese nahezu gleiche Verteilung der Erfolgsmagersucht zwischen Frauen und Männern einfach die wachsende Präsenz der Frauen in der Arbeitswelt wider. Dies bedeutet allerdings auch, dass Frauen sich heute nicht nur in puncto Essen, sondern auch in puncto Erfolg aushungern. (Beachten Sie bitte: Meiner Überzeugung nach besteht der Grund, weshalb mehr Frauen als Männer mit mir Kontakt aufnehmen, darin, dass es Männern äußerst schwer fällt, Hilfsangebote zu ergreifen, wohingegen Frauen im Allgemeinen eher dazu bereit sind. Siehe Kapitel 16.)

Bitte missverstehen Sie mich nicht. Ich behaupte nicht, dass der Wert einer Frau in ihrem physischen Körper oder ihrem Äußeren liegt oder der Wert eines Mannes in seinem Status oder Grad an Erfolg. Jeder denkende Mensch wird erkennen, dass meine Worte bedeuten, dass diese Einteilungen äußerlicher Natur sind, welche die Gesellschaft sowohl Männern als auch Frauen auferlegt hat und die keinerlei Korrelation zum tatsächlichen, wirklichen Wert oder der eigentlichen Bedeutung eines Menschen aufweisen.

Ob uns das nun gefällt, wir dem zustimmen wollen oder nicht, diese äußerlichen Standards – Aussehen bei Frauen und Erfolg bei Männern – haben den Status von Frauen und Männern in der Gesellschaft jahrhundertelang bestimmt, vielleicht so lange, wie die „Gesellschaft“ als solche überhaupt existiert. Weder verteidige noch unterstütze ich diese Tatsache, und ich glaube auch nicht, dass dies so sein sollte. Ich stelle lediglich eine Tatsache menschlicher Gegebenheiten fest.

Es ist wichtig, Folgendes zu erkennen: Wenn ein intelligenter, mitfühlender, überempfindsamer Mensch einen zutiefst negativen Selbstglauben entwickelt, kommt es häufig entweder zu einer Essstörung (also der Weigerung zu essen, dem Sich-Aushungern in puncto Nahrung) oder einer *Erfolgsstörung* – diesen Begriff prägte ich, um die Erfolgsverweigerung zu beschreiben – beziehungsweise zu dem, was ich das Aushungern in puncto Erfolg nenne.

Rufen Sie sich bitte ins Gedächtnis zurück: die Essenz meiner Entdeckung besteht darin, dass das, was eine Erfolgsstörung verursacht, genau derselbe Mechanismus ist, der auch eine Essstörung hervorruft – also die zeitweise Vorherrschaft des zutiefst negativen Selbstglaubens eines Menschen über sein Authentisches Selbst (auf diesen Begriff gehen wir im nächsten Kapitel noch mehr ein).

Hungern *Sie* sich in puncto Erfolg aus?

Es folgt eine sehr einfache Übung, die Ihnen dabei helfen wird, diesen Zustand namens Erfolgsmagersucht besser nachzuvollziehen. Ich möchte wetten, dass Sie vielleicht irgendwann in Ihrem Leben Tagebuch geführt haben oder derzeit eines führen. Ich möchte Ihnen vorschlagen, dass Sie sich ein Tagebuch zulegen, während Sie dieses Buch durcharbeiten, um Ihre Erfolgsmagersucht leichter überwinden zu können. Im Verlauf des Buches werde ich auf Ihr Tagebuch Bezug nehmen, wenn ich Ihnen die einfachen Übungen empfehle, die Sie am Ende einiger Kapitel finden werden. Vielleicht möchten Sie dies Ihr „Erfolgserlaubnis-Tagebuch" nennen. (Übrigens schlage ich vor, dass Sie ein Tagebuch mit einem Ihnen zusagenden Umschlag und einer Papierart, auf die Sie mit Vergnügen schreiben, aussuchen. So wird das Schreiben zu einer Belohnung, die Sie sich gönnen, statt zu etwas, das Sie tun *müssen.* Nehmen Sie auch einen Stift, der Ihnen zusagt.)

Wenn Sie mit Ihrem Erfolgserlaubnis-Tagebuch beginnen, sollten Sie mit dieser einfachen Übung anfangen, weil diese nicht einmal fünf Minuten dauert und Ihnen deutlich Ihren gegenwärtigen Stand hinsichtlich Erfolgsmagersucht aufzeigt. Sie müssen lediglich die folgenden Sätze mit dem ersten Gedanken, der Ihnen in den Sinn kommt, vervollständigen:

1. Ich glaube, mein Wert liegt in meinem ...
2. Mir wurde beigebracht, dass mein Wert herrührt von ...
3. Ich glaube, ich muss ...

4. Mir wurde gesagt, ich sollte ...
5. Meine Mutter sagte mir, dass ich ...
6. Mein Vater brachte mir bei, dass ich ...
7. In der Schule lernte ich, dass ich ...
8. Ich sollte ...
9. Ich muss ...
10. Wenn ich gut zu mir bin, ...
11. Wenn ich etwas Nettes über mich sage, ...
12. Wenn jemand etwas Nettes zu mir sagt, ...
13. Wenn mir jemand ein Kompliment macht, mache ich üblicherweise ...
14. Wenn sich jemand zu mir hingezogen fühlt, ...
15. Wenn ich glücklich bin, mache ich ...

Es gibt keine richtigen oder falschen Antworten, einzig und allein Ihre Antworten. Der Zweck dieser Übung besteht darin, Ihnen aufzuzeigen, was Sie glauben oder was Ihnen beigebracht wurde, worin Ihr wahrer Wert liege – und dass Sie erkennen, ob dieser Glaube Ihnen nützt oder schadet.

Ob Sie nun Tagebuch führen oder nicht, nehmen Sie sich bitte fünf Minuten Zeit und absolvieren Sie die obige Übung jetzt gleich. Wussten Sie übrigens, dass das englische Wort für Übung, nämlich *exercise,* aus dem Lateinischen stammt und „sich aus einer Einschränkung befreien" bedeutet? Ist das nicht eine hübsche Art, den Begriff „Übung" zu betrachten – anstatt eine Übung als eine Aufgabe zu verstehen, die so lang wie möglich umgangen werden sollte, kann man darunter vielmehr einen Weg verstehen, sich selber aus *Einschränkungen zu befreien?*

Wenn Sie mit der obigen Übung fertig sind, lesen Sie sich Ihre Antworten laut vor. Wenn Sie jemanden kennen, der Ihnen, ohne zu urteilen, zuhören kann, rufen Sie ihn an, erklären Sie ihm, was Sie machen, und lesen Sie ihm das, was Sie geschrieben haben, laut vor. Bitten Sie ihn, das von Ihnen Geschriebene nicht zu kommentieren oder zu beurteilen, sondern einfach zuzuhören. Wussten Sie, dass alle diese Überzeugungen in Ihnen vorhanden waren? Haben einige Ihrer Antworten Sie überrascht?

Viele, viele Menschen – in der Tat weit mehr, als wir uns vorstellen können – leben jeden Tag einem zutiefst negativen Teil ihrer selbst unterworfen; einem Teil ohne Mitleid oder Gnade;

einem Teil, der anscheinend auf die Selbstzerstörung des Betroffenen aus ist.

Woher kommt dieser negative Selbstglaube – und was passiert, wenn ein sensibler, mitfühlender Mensch von solch einem zutiefst negativen Teil seiner selbst beherrscht wird?

Kapitel 5

Was verursacht Erfolgsmagersucht?

Ich möchte, dass Sie sich einen Augenblick lang Zeit nehmen und mit mir eine Übung ausführen. (Da es sich um eine Imaginationsübung handelt, müssen Sie sich nicht einmal von Ihrem Stuhl erheben.) Stellen Sie sich einen Moment lang vor, dass Sie in Ihrem Badezimmer stehen und sich im Spiegel anschauen. Was sehen Sie?

Wenn Sie sich im Badezimmerspiegel anschauen, lautet die offensichtliche Antwort, dass Sie eine relativ genaue Spiegelung Ihrer selbst sehen.

Fahren wir mit dieser Imaginationsübung fort. Was, wenn genau neben Ihrem Badezimmer ein Spiegelkabinett wäre? Sie wissen schon, eine dieser Buden, die man auf einem Jahrmarkt oder in einem Vergnügungspark aufsucht und die einen zum Lachen (über sich selbst) bringen sollen. Stellen Sie sich vor, dass Sie jetzt in dieses Spiegelkabinett gehen und sich in einem solchen Spiegel anschauen. Was sehen Sie jetzt?

Sie sehen eindeutig ein verzerrtes Bild Ihrer selbst – also ein Bild oder eine Widerspiegelung, die Sie wie etwas aussehen lässt, was Sie gar nicht sind.

Beim Blick in einen der Zerrspiegel denken Sie zum Beispiel vielleicht, Sie seien zwei Meter groß, weil dieser Spiegel Sie so aussehen lässt. Beim Blick in einen anderen Spiegel wirken Sie vielleicht nur wie einen halben Meter hoch. Der springende Punkt dabei ist, wenn Sie sich in einem Jahrmarktbudenspiegel anschauen, sehen Sie ein entstelltes Spiegelbild Ihrer selbst – eines, das Ihr wahres Selbst überhaupt nicht genau wiedergibt.

Wurden Sie mit dem Betreten der Jahrmarktbude tatsächlich zwei Meter groß oder schrumpften Sie auf einen halben Meter? Natürlich nicht. Der Grund für Ihr entstelltes Aussehen liegt darin, dass der Spiegel, in den Sie schauen, so konstruiert wurde, um Sie so aussehen zu lassen; das heißt, jemand konstruierte den Spiegel so, um diesen Effekt zu erzielen.

Ist es der Fehler des Spiegels, dass Sie wie etwas aussehen, was Sie nicht sind? Nein. Noch einmal, jemand baute ihn absichtlich so, um diesen Effekt zu erzielen. Ist es Ihr Fehler, dass Sie glauben, was Sie sehen? Nein, es ist auch nicht Ihr Fehler, denn Sie deuten lediglich die Bilder des Lichtes, die Sie sehen. Deshalb ist an dieser Situation niemand wirklich „schuld".

Na schön, Sie wussten bereits, dass Ihr Spiegelbild in einem Spiegelkabinett nicht so aussieht wie Ihr wahres Ich, Ihr Spiegelbild in einem Badezimmerspiegel hingegen schon. Und eben dies ist jeweils ja auch beabsichtigt. Aber was, wenn Ihnen etwas äußerst Merkwürdiges passieren würde:

Was, wenn Sie aus irgendeinem Grund vergäßen, wie Sie wirklich aussehen?

Was, wenn Sie sich immer nur in einem Zerrspiegel gesehen hätten? Was, wenn Sie niemals wahrgenommen hätten, wie Sie wirklich ausschauen (also so wie Ihr zutreffendes Spiegelbild in einem Badezimmerspiegel)? Wenn Ihnen dies passiert wäre, was müssten Sie dann gezwungenermaßen über sich glauben?

Wenn die einzigen Informationen, die Ihr Gehirn über Sie empfangen hatte, ungenau oder entstellt wären – wenn Sie sich also immer nur in einem Zerrspiegel gesehen hätten –, bliebe Ihnen gar keine andere Wahl, als zu glauben, das Bild, das Sie im Spiegelkabinett sahen, entspräche Ihrem tatsächlichen Aussehen. Sie würden dem glauben, was Sie gesehen hatten.

Und genau dies verursacht Erfolgsmagersucht.

Was wir über uns glauben, ist für uns wahr

Der menschliche Organismus ist so beschaffen, dass wir das glauben, was uns unsere Sinne als wahr darstellen.

Wir sind von der Natur so veranlagt, dass wir die Informationen, die wir durch unsere Sinne empfangen, als wahr akzeptieren, bis und sofern wir Informationen bekommen, die beweisen, dass unsere Sinne nicht exakt funktionieren.

Wenn deshalb Ihre Sinne (gemeint sind Ihre inneren Sinne) Ihnen solche Dinge einreden wie: „Alle wären so viel glücklicher, wenn ich nicht da wäre", und Sie über keine anderen Informationen verfügen würden (sinnliche Informationen, wie etwa von einer anderen Person), die Ihnen mitteilen, dass dies in Wirklichkeit nicht der Fall ist, bliebe Ihnen keine andere Wahl, als diese Botschaft für wahr zu halten. Und weil unser Verhalten von unseren Überzeugungen herrührt, würden Sie deshalb diese Überzeugungen in Form von selbst verstümmelndem und selbst verleugnendem Verhalten ausdrücken – einfach weil Sie gezwungen wären, einem völlig unzutreffenden Bild dessen, wer Sie wirklich sind, zu glauben.

Das Negative Spiegelbild und unser Authentisches Selbst

Mit dem obigen Beispiel beschreibe ich, weshalb so viele Menschen an solch einem zutiefst negativen Selbstglauben leiden. Offen gesagt, wuchsen viele von uns in einem Spiegelkabinett auf. Mit anderen Worten: viele Menschen haben sich nicht nur nie als die gesehen, die sie wirklich sind, sie haben auch absolut keine Ahnung, dass das negative, verzerrte Bild, das sie von sich selbst haben, nicht der Wahrheit entspricht.

Ich entwickelte den Begriff Negatives Spiegelbild, um dieses Phänomen zu beschreiben. Das Negative Spiegelbild ist einfach der Teil von uns, der nichts Gutes über uns glaubt, sondern nur das Schlechteste.

Ich verwende deshalb den Begriff *Negatives Spiegelbild*, um anderen Leuten bei der Erkenntnis zu helfen, was dieser Teil von ihnen in Wirklichkeit ist: lediglich ein Spiegelbild ihres Authentischen Selbst oder dessen, was Sie wirklich sind (worauf wir gleich zu sprechen kommen).

Woher kommt unser *Negatives Spiegelbild?* Einige vertreten die Ansicht, dass es angeboren sei; andere meinen, es entwickle sich auf Grund der Umwelt, in der wir aufwuchsen. Ich bediene mich gern Ockhams Rasiermesser, weil ich glaube, dass die einfachste Erklärung eine Kombination von beidem ist, also von uns selbst (unserer Persönlichkeit, die uns angeboren ist) und von unserer Umwelt (die Methoden, mit denen wir erzogen wurden).

Beispielsweise wird jede Mutter auf Erden Ihnen bescheinigen, dass jedes ihrer Kinder eine andere und sehr individuelle Persönlichkeit bereits von dem Zeitpunkt an hatte, als es auf die Welt kam. Im Gegensatz zur Meinung einiger „Experten“ werden wir nicht als unbeschriebenes Blatt geboren; wir alle sind mit bestimmten genetischen Eigenschaften und Prädispositionen auf die Welt gekommen. Zum Beispiel kann etwas, das das eine Kind zutiefst verletzen würde, von einem anderen Kind völlig ohne nachteilige Auswirkungen abprallen. Deshalb spielen vererbte Anlagen und Genetik, die unsere individuelle Persönlichkeit ausmachen, eine signifikante Rolle dabei, ob oder in welchem Ausmaß wir ein zutiefst negatives Selbstbild entwickeln.

Allerdings scheint es auch offensichtlich zu sein, dass Umweltfaktoren ebenfalls mit beeinflussen, wie dominant unser Negatives Spiegelbild tatsächlich ausgebildet wird. Wenn beispielsweise Ihre Eltern oder Bezugsperson emotional distanziert waren, wenn Sie beständig mit Ihren Geschwistern oder Kindern außerhalb Ihrer Familie verglichen wurden, wenn Sie körperlichen, emotionalen oder seelischen Schaden in Ihrer Kindheit erleiden mussten, würden sich diese Faktoren natürlich wesentlich darauf auswirken, ob Sie später im Leben Gefühle der Scham, Schuld oder des Selbsthasses entwickeln.

Der springende Punkt im Leben ist der, dass dies sehr selten eine Entweder-oder-Angelegenheit ist. Meist finden wir eine Sowohl-als-auch-Situation vor. Am einfachsten lässt sich das Phänomen der Negativen Spiegelbilder dadurch beschreiben, dass bestimmte Leute anscheinend darauf „geeicht“ sind, es zu entwickeln, wohingegen andere es einfach nicht sind.

Die nächste nahe liegende Frage lautet: Wenn das Negative Spiegelbild *nicht* das widerspiegelt, was wir wirklich sind, was ist es dann?

Seit den Anfängen der Geschichtsschreibung haben die Menschen diese Frage zu beantworten versucht. Die Menschen haben unzählige Namen für das, was wir wirklich sind, gefunden: *Seele, Geist, Prana, Chi, Ki, Atman, Brahman, Kraft, der unwissende Wissende, der Unbewegte, der bewegt* usw. Der Begriff, mit dem ich das, was wir wirklich sind, zu beschreiben pflege, lautet einfach unser *Authentisches Selbst.*

Wie Sie es auch nennen, es scheint zweifelsfrei, dass etwas in uns existiert – die „ruhige, leise Stimme in uns“ –, das die Essenz dessen, was wir wirklich sind, umfasst. In Kapitel 16 gehe ich näher auf diesen Teil von uns ein; sagen wir, dass es der Teil von uns ist, der „wissend ist, über das Wissen hinaus“.

Es erhebt sich die Frage, was passiert, wenn unser Authentisches Selbst allmählich von unserem Negativen Spiegelbild beherrscht wird?

Der Schlägertyp in Ihrem Kopf

Wenn ein Schlägertyp auf Sie zukommt und Sie zwingt, Ihr Geld herauszurücken, sehen Sie sich mit einer Entscheidung konfrontiert. Wenn Sie dem Schläger die Stirn bieten, schlägt er Sie entweder zusammen oder er kneift. Wenn Sie sich wiederholt dem Schläger widersetzen, wird er Ihren Unwillen, sich zu unterwerfen, schließlich leid und hört auf, Sie zu drangsalieren – weil die „Stärke“ eines Schlägers überhaupt keine wirkliche Stärke ist, sondern lediglich auf Einschüchterung beruht.

Mit dem negativen Spiegelbild verhält es sich wie mit einem Schläger. Es greift Ihr Authentisches Selbst durch Einschüchterung und ein ständiges Sperrfeuer von selbst verleugnenden inneren Botschaften an. Ironischer-, aber keineswegs überraschenderweise weiß unser Negatives Spiegelbild, welche Teile von uns am schwächsten sind, und es greift jene schwachen Bereiche von uns mit der größten Wucht an, weil dies genau das ist, was ein Schläger macht.

Susan, eine meiner Kursteilnehmerinnen, erzählte mir zum Beispiel, dass sie immer ein schrecklich schlechtes Gewissen habe, wenn sie etwas für sich selbst will, vor allem wenn sie allein etwas unternehmen möchte. Sie sagte, dass der Wunsch, ihre familiären und auf die Arbeit bezogenen Verpflichtungen hinter sich zu lassen, ihr ein unglaubliches Gefühl von Schuld und Selbstsucht verursache. Keineswegs überraschenderweise dachte sie, „selbstsüchtig“ bedeute, dass sie „schlecht“ sei. Deshalb war dies eine sehr wirksame Botschaft, um sie davon abzuhalten, die Dinge zu tun, die sie wirklich wollte.

Eines der Dinge, die Ihnen in puncto Negatives Spiegelbild auffallen werden, ist die Tatsache, dass es in Schwarz- oder Weiß-Bildern spricht, in Begriffen von alles oder nichts: gut/schlecht, richtig/falsch, immer/nie. Es sieht nur wenig oder gar keinen Spielraum für eine Alternativlösung. Darin liegt jedoch auch ein wunder Punkt, an dem wir ansetzen und ihm die Stirn bieten und es tatsächlich überwinden können, wie wir in Teil III sehen werden.

Ich fing mit Susan zu arbeiten an, indem ich ihr sagte, dass es anderen Leuten überhaupt nichts hilft, wenn sie sich etwas vorenthält. Ich zeigte ihr vielmehr, dass ihr Sich-etwas-Vorenthalten nicht nur anderen nichts nützt, sondern vielmehr ihre Mitmenschen verletzt, weil diejenigen, die sie lieben und mögen, wollen, dass sie das hat, was sie glücklich macht. Wir müssen überdies für uns selbst sorgen, damit wir Kraft haben, um anderen geben zu können. Wenngleich sie dies anfangs kaum glauben konnte, erkannte sie allmählich, dass der Wunsch, etwas für sich selbst zu tun, sie in keiner Weise zu einem schlechten Menschen macht.

Susans Selbstvertrauen begann zu wachsen, und innerhalb von ein paar Wochen konnte sie einen Stadtbummel machen, ohne Schuldgefühle zu bekommen, weil sie etwas für sich kaufte. (Diese Erfahrung übrigens – Schuldgefühle, weil man etwas für sich selbst kauft oder etwas für sich tut – ist unter meinen weiblichen Kursteilnehmern viel stärker verbreitet als unter den männlichen.)

Kurz danach war Susan fähig, zum ersten Mal ganz allein zu verreisen. Sie sagte mir später, dass sie nicht nur den Urlaub genossen habe, sondern alle Schritte hin zu dieser Reise, weil eben das Wissen, dass sie verreisen konnte – sogar öfter als dieses eine Mal –, den ganzen Unterschied ausmachte.

Der Kernpunkt dieser Geschichte ist, dass das Negative Spiegelbild genau das ist – ein Spiegelbild unserer selbst, das nicht wahr ist. Wenn wir jedoch über keine Informationen darüber verfügen oder andere Leute uns nicht vermitteln, dass das, was dieser negative Teil von uns sagt, nicht stimmt, bleibt uns keine Wahl, als dies in der Tat für die Wahrheit zu halten. (Dieser Schritt – positive sinnliche Informationen durch Quellen außerhalb seiner selbst zu erschließen – macht den wesentlichen Schritt bei der Überwindung von Erfolgsmagersucht aus, wie wir von Kapitel 9 an sehen werden.)

Wenn Sie beispielsweise in einer Umgebung aufwuchsen, in der Ihre Fehler oder Unzulänglichkeiten Ihnen ständig und unbeirrbar vor Augen geführt wurden, wo die Leute Sie nicht als die Person, die Sie wirklich sind, schätzten oder akzeptierten, könnte es sehr schwierig für Sie sein, zu wissen oder zu sehen, was Sie wirklich sind. Sie wären so daran gewöhnt, zu hören oder zu glauben, dass Sie nicht gut genug sind, dass Sie, wenn jemand kommen und Ihnen das Gegenteil beteuern würde, dies höchstwahrscheinlich gar nicht annehmen würden.

Auf diese Weise wird das Negative Spiegelbild durch unsere auf Angst basierende Gesellschaft verstärkt. Mit unserer so vorherrschenden Der-Stärkere-überlebt-Mentalität wird uns gesagt: „Lieber den anderen etwas antun, ehe sie uns was antun". Dies ist nur ein Beispiel, wie das Negative Spiegelbild sich global manifestiert. Auf der persönlichen Ebene kann es jedoch einem Menschen die Fähigkeit zu funktionieren nehmen oder ihn des Glaubens berauben, dass er irgendetwas von Wert zu bieten habe (siehe auch Kapitel 7).

Die duale Natur des Menschen

Die duale Natur des menschlichen Wesens wird eindrucksvoll illustriert in *Dr. Jekyll und Mr. Hyde.* Robert Louis Stevensons Geschichte des sanftmütigen Dr. Jekyll, der in den mörderischen Mr. Hyde verwandelt wird (nachdem er einen selbst zubereiteten Trank zu sich genommen hat), schildert anschaulich die zwei Seiten eines Menschen: unser negatives, zerstörerisches „Schatten"-Selbst und unser mitfühlendes, humanes, wahres oder Authentisches Selbst.

Ein Mensch bekommt Erfolgsmagersucht, weil das Negative Spiegelbild ihn davon abhält, um Hilfe von anderen zu bitten, die Hand danach auszustrecken oder sie anzunehmen. Das Negative Spiegelbild weiß, dass Hilfe von anderen sein Ende bedeutet. Aus diesem Grund neigen Opfer von Erfolgsmagersucht dazu, sich von anderen Menschen abzusondern und zurückzuziehen – nicht weil sie ungesellig wären, sondern weil das Negative Spiegelbild ihnen sagt, dass andere sie einfach nicht in ihrer Nähe haben wollen.

Eine der traurigsten Ironien dieses Zustandes ist, dass genau die Leute, denen am meisten daran liegt, anderen und sogar der Menschheit zu helfen, sich selbst am meisten in puncto Erfolg aushungern, aus eben dem Grund, dass sie andere vor der „schlechten Person", für die sie sich halten, schützen wollen. In *Dr. Jekyll und Mr. Hyde* schließt die Geschichte damit, dass der gute Doktor sich selbst zerstört, um seine Mitmenschen vor dem mörderischen Mr. Hyde zu schützen.

Sie müssen niemanden vor sich selbst schützen. Sie müssen vielmehr lernen, dass das Negative Spiegelbild überhaupt nicht das beschreibt, was Sie wirklich sind. Kurz gesagt, wir müssen Sie aus dem Spiegelkabinett herausbekommen ... und wieder vor einen richtigen Spiegel stellen.

Wie können wir das schaffen? Sie finden die Antworten darauf in den nächsten Kapiteln.

Kapitel 6

Die sieben häufigsten Lügen, die wir uns erzählen, und wie wir davon loskommen können

Kommen Ihnen einer oder mehrere der folgenden Sätze bekannt vor?

1. Du schaffst es nie.
2. Niemand mag dich.
3. Jeder wäre glücklicher, wenn du nicht da wärst.
4. Wenn du etwas für dich selbst beanspruchst, bist du egoistisch; und weil egoistisch zu sein falsch ist, solltest du nichts für dich selbst beanspruchen wollen.
5. Weil du deine Eltern nicht glücklich gemacht hast (oder sie nicht zusammengehalten hast), verdienst du es auch nicht, selbst glücklich zu sein.
6. Wenn du perfekt wärst, würdest du bekommen, was du willst, aber da du nicht perfekt bist, bekommst du es auch nie.
7. Ganz egal, für wie gescheit (schlau, hübsch, witzig, charmant, gut usw.) du dich hältst, wirst du nie Erfolg haben. Erfolg haben nur die anderen. Nicht du.

Jeder Mensch, dem ich begegnet bin, verfügt über seine eigene Spezialmischung selbstzerstörerischer innerer Botschaften, die er gegen sich verwendet. Einige meiner persönlichen Favoriten sind oben aufgeführt. Es folgen Zitate von einigen meiner Kursteilnehmer darüber, was ihr Negatives Spiegelbild ihnen täglich vermittelt:

- Warum wirst du nicht endlich erwachsen?
- Hör auf, so ein Mamasöhnchen zu sein!
- Warum bist du nur so dumm?
- Kannst du denn nichts richtig machen?

- Du bist so ein grober Klotz.
- Du bist so fett, niemand könnte dich je lieben.
- Niemand möchte in deiner Nähe sein.
- Die Leute sind nur in deiner Gegenwart nett zu dir; hinter deinem Rücken ziehen sie über dich her.
- Du solltest zu allen Leuten nett sein, sonst mögen sie dich nicht.
- Warum verlassen dich immer alle?

Ich bin sicher, jeder von uns hat diese Botschaften schon irgendwann einmal gehört. Der springende Punkt ist, dass sich manche von uns den lieben, langen Tag nichts anderes als diese Botschaften anhören müssen – selbst wenn sie es ganz bestimmt nicht verdienen. Amy, eine meiner Kursteilnehmerinnen, erzählte beispielsweise, dass sie nur „verständnislosen Blicken" begegnete, als sie ihre Freunde fragte, warum sie sich so vor dem Erfolg fürchtet. Amy hatte lediglich eine gemeinnützige Stiftung zur Unterstützung Krebskranker gegründet und geleitet, mehrere Bücher geschrieben und zahlreiche Artikel über Marketing und Werbung publiziert. Für alle anderen verkörperte Amy den Inbegriff von Erfolg, aber tief drinnen fühlte Amy, sie tue oder gebe nie genug.

Wie man mit einem Negativen Spiegelbild umgeht

Wie bereits im fünften Kapitel besprochen, ähnelt das Negative Spiegelbild, der Teil von uns, der uns sagt, dass wir zu nichts zu gebrauchen sind, einem Schlägertypen. Wenn Sie aber einem Schläger einfach Paroli bieten, untergraben Sie bereits seine halbe Macht: die Macht, Sie einzuschüchtern. Ein Schläger wird meist einen Rückzieher machen, wenn sich ihm jemand widersetzt, weil er so daran gewöhnt ist, dass alle vor ihm zurückweichen. Ich schlage einfach vor, dass Sie diesem Schläger zumindest gedanklich die Stirn bieten und ihm dadurch einen Großteil seiner Macht, Sie einzuschüchtern, nehmen.

Wenn Sie beinahe Ihr ganzes Leben „in einem Spiegelkabinett" verbracht und sich niemals exakt von Ihren Mitmenschen widergespiegelt gesehen haben, wissen Sie wahrscheinlich nicht, dass dieses Negative Spiegelbild nicht wirklich Sie sind. Wenn Sie sich beispielsweise für egoistisch, nicht gut genug oder des Erfolges nicht würdig erachten (wobei irrelevant ist, ob Ihnen jemand dies sagte oder nicht), wie kann man dann von Ihnen erwarten, dass Sie so handeln, als entsprächen diese Aussagen nicht der Wahrheit?

Jede dieser Lügen, und auch das Negative Spiegelbild selbst, erlangen ihre Bedeutung aus einer einzigen Quelle: Ihrem Glauben, dass sie wahr sind. Wenn Ihnen allerdings nie Ihr wirkliches Spiegelbild gezeigt wurde, wie sollen Sie dann wissen, wie Sie wirklich ausschauen?

Was würden Sie einer Freundin raten?

Ich möchte Ihnen eine Frage stellen: Was würden Sie einer Freundin raten, die sich selbst in puncto Erfolg aushungert? Würden Sie sagen: „Du bist eine Niete, du baust bloß Mist; du hast ja nicht einmal die geringste Ahnung davon, wie man überhaupt lebt!" Wie bitte! Es fällt Ihnen schwer, so etwas zu irgendjemandem zu sagen, geschweige denn zu einer Freundin. Warum ist es dann für Sie in Ordnung, so etwas zu sich selbst zu sagen, wenn Sie Derartiges keinem anderen Menschen zumuten könnten?

Die Antwortet lautet, dass es nicht in Ordnung ist, sich selbst diese Dinge einzureden. Allerdings ist es Ihnen zur Gewohnheit geworden, dies zu tun. Aber mit seinen Gewohnheiten kann man brechen. Die wirksamste Art, mit einem Negativen Spiegelbild umzugehen und so diese Gewohnheiten des Selbsthasses und der Selbstverleugnung zu verändern, besteht darin, sie wie einen Schläger zu behandeln, also ihnen die Stirn zu bieten. Die meisten von uns versuchen, sich zu verstecken, wenn ein Schläger anfängt, sie einzuschüchtern. Doch das ist genau das, was der Schläger von uns will! Wenn wir uns ducken und zu verstecken versuchen, baut das den Schläger nur noch stärker auf. Anstatt ihm zuzuspielen, bieten Sie Ihrem Negativen Spiegelbild Paroli, indem

Sie dem entgegentreten, was es Ihnen sagt, anstatt zu hoffen, dass es verschwindet.

Wenn Sie das Negative Spiegelbild aus Ihrem Kopf verbannen, indem Sie es aufschreiben oder laut mit einer anderen Person darüber sprechen, nehmen Sie ihm sofort mindestens die Hälfte seiner Macht, Sie zu beherrschen.

Eine einfache Übung, wie Sie negative Gedanken zerstören

Das Negative Spiegelbild ähnelt einem Ausspruch von Jack Nicholson in dem Film *Eine Frage der Ehre:* „Sie können die Wahrheit doch gar nicht vertragen!" Um zur „Wahrheit" zu gelangen, nehmen Sie ein Blatt Papier und ziehen einen Strich in der Mitte des Blattes. Schreiben Sie „Negatives Spiegelbild" über die linke Spalte und „Authentisches Selbst" über die rechte Spalte.

Atmen Sie tief ein. Jetzt schreiben Sie, ohne zu zensieren oder sich Gedanken über den richtigen Ausdruck zu machen, in die linke Spalte, was Sie von Ihrem Negativen Spiegelbild zu hören bekommen. Vielleicht erstaunt es Sie, wie gefühlsbeladen und hasserfüllt die Sprache des Negativen Spiegelbildes ist. Vergessen Sie nicht, es hat eine Aufgabe zu erledigen, nämlich Ihnen ein mieses Gefühl zu vermitteln. Verblüffend, wie toll es dem nachkommt, nicht wahr?

Nehmen Sie sich so viel Zeit, wie Sie wollen, und holen Sie alles aus sich heraus, damit Sie es schwarz auf weiß vor sich haben.

Wenn Sie mit dem Aufschreiben dessen, was Sie von Ihrem Negativen Spiegelbild zu hören bekommen, fertig sind, legen Sie eine Pause ein. Atmen Sie noch einmal tief durch. Jetzt schreiben Sie in die rechte Spalte, was Ihnen Ihr Authentisches Selbst sagt. „Wie weiß ich denn, welche Stimme welche ist?", höre ich manche von Ihnen sich erkundigen. Gute Frage!

Die meisten Teilnehmer der Success Clinic haben mir berichtet, dass sie die Stimme des Negativen Spiegelbildes leicht erkennen können, weil sie so daran gewöhnt sind, ihr zuzuhören! Andere haben mir erzählt, dass sie in ihrem Kopf wie ein tadelnder

Elternteil oder eine unwillkommene Autoritätsperson klingt. Am leichtesten kann man sie dadurch auseinander halten, dass das Negative Spiegelbild überhaupt nichts Gutes über Sie zu berichten haben wird. In der Tat würde es kaum seiner Aufgabe nachkommen, wenn es dies täte. Denken Sie daran, Schläger sind nicht gerade für ihre Feinfühligkeit bekannt.

Wie erkennen Sie dann Ihr Authentisches Selbst, wenn die einzige Stimme, die Sie bisher gehört haben, die des Negativen Spiegelbildes ist? Die Antwort lautet, dass Sie zuerst dem „Schläger" des Negativen Spiegelbildes entgegentreten müssen, und dann setzen Sie sich hin und lauschen geduldig. Einige Leute erzählten, dass die Stimme des Authentischen Selbst eine leise, friedvollere Stimme ist, eine, die buchstäblich darauf „gewartet" hat, von ihnen vernommen zu werden. Manche sagen, dass Sie mehr einem Gefühl denn einer Stimme ähnelt – etwas, das eher gefühlt als gehört wird. Viele spüren, dass die Stimme eher von ihrem Herzen als von ihrem Kopf herzukommen scheint (das Negative Spiegelbild befindet sich nur selten woanders als im Kopf des Betreffenden). Eine Person nannte das Authentische Selbst „den Teil von mir, von dem ich vergessen hatte, dass es ihn überhaupt gab, ein Teil, von dem ich angenommen hatte, dass er für immer verschwunden war".

Es folgt ein Beispiel, in dem ein Betroffener seine Erfahrung mit dieser Übung schildert. Bill, ein College-Student, schrieb folgenden Tagebucheintrag, nachdem er diese Technik, das Negative Spiegelbild und sein Authentisches Selbst zu externalisieren, erlernt hatte:

Negatives Spiegelbild

Du wirst deine Referate nicht schreiben können, weil du eine ganz miese Type bist und prinzipiell bloß Mist baust. Du bist ein Betrüger. Du hast das Geld deiner Eltern auf dem College verschwendet. Du bist nichts wert und mehr noch, du bist ein egoistischer Vollidiot, das Einzige, was du kannst, ist, anderen weh zu tun. Deine Freunde verdienen Besseres als das, was du geben kannst. Du solltest dich von ihnen trennen, damit du sie nicht länger betrügst und verletzt. Du kannst keine Verantwortung für dein Tun übernehmen, weil du Angst hat. Dazu hast du auch allen Grund. Schau doch nur, wie viel du schon versiebt hast. Du hältst dich für etwas Besonderes. Wie arrogant und eingebildet. Du taugst überhaupt nichts. Du bist nichts von dem wert, was du mitbekommen hast – Begabung, Talent, Geld, Freunde, Familie, Macht –, weil jemand anderer das alles mittlerweile viel besser genutzt hätte. Alles, was du gemacht hast, ist sinnlos. Alles, woran du dich versuchst, wirst du letztendlich hinwerfen, weil du ein schwacher, richtungsloser Trottel bist. Du bist ein grässlicher Mensch. Du solltest alles hinschmeißen, weil du hier nicht willkommen bist und dich hier niemand braucht. Du bist nichts wert. *Du hörst mir zu! Du weißt, dass ich Recht habe!*

Authentisches Selbst

Alles ist anders; man braucht eine offene Geisteshaltung, um das zu erkennen. Ich werde meine Referate schreiben und brauche mir keine Sorgen zu machen, weil ich es kann. Ich kann alles. Ich weiß, was für mich am besten ist. Mein Herz zeigt mir immer den nächsten Schritt. Ich bin ein liebender, mitfühlender Heiler. Mir wurden Begabung, Kreativität, Talent, Freunde, Familie und eine Menge Kraft gegeben, weil ich all dies für mein Lebenswerk brauche. Ich bin des Weges, den ich eingeschlagen habe, würdig. Ich kann keine Fehler machen, weil mich alles, was ich tue, etwas Neues lehrt. Ich werde Fehlschläge erleiden, aber das beeinträchtigt mich nicht als Person und macht mich nicht weniger großartig. Mir wird Raum zum Atmen und Wachsen zugestanden. Es ist für meine Gesundheit äußerst wichtig, hinauszugehen, mich zu bewegen, wenn ich lieber nicht den ersten Schritt zur Bewältigung einer Aufgabe wagen würde, es aber tun muss. Aber selbst wenn ich ihn nicht gehen sollte, bin ich ein guter Mensch. Ich bin in nichts vergleichbar mit anderen Menschen. Ich brauche andere Menschen, damit sie mir wieder aufhelfen, wenn ich stolpere. Ich bin von Natur aus in Ordnung, weil ich gut bin. Ich bin der Liebe würdig, weil ich ein schöner großartiger Mensch bin. Ich bin zur Liebe fähig, weil ich wachse, indem ich teile und mich mitteile. Ich bin Wahrheit. Ich bin wissend! So sei es!

Das Negative Spiegelbild kann seine Opfer nur beherrschen, wenn es sie in Zurückgezogenheit und Einsamkeit hält. Wenn ich meinen Kursteilnehmern sage, dass sie keine Versager sind, dass wir nicht glücklicher wären, wenn sie nicht da wären, und dass andere Leute wirklich wollen, dass sie Erfolg haben, und dies sogar brauchen, ist es, als ob sie diese Information zum ersten Mal hörten – was meist auch zutrifft.

Beispielsweise glaubt ein an Erfolgsmagersucht Leidender, dass er, falls er vollkommen wäre, Erfolg verdienen würde; aber da er niemals vollkommen sein kann, wird er auch niemals Erfolg verdienen. Er weiß im Allgemeinen auf der intellektuellen Ebene, dass er nicht vollkommen zu sein braucht, um des Erfolges würdig zu sein, aber wir haben bereits gesehen, dass wir Menschen nicht von unserem Intellekt gesteuert werden, sondern von unserer leidenschaftlichen Natur (dem, was wir wirklich glauben).

Wir müssen nicht vollkommen sein, um Erfolg zu verdienen oder zu genießen. Eine der Definitionen von *menschlich* lautet „charakterisiert durch die Fehltritte und Schwächen, die man mit Menschen als unvollkommenen Wesen verbindet". Versuchen Sie mir den vollkommenen Menschen zu zeigen, und Sie werden keinen finden. So gern wir auch unsere Fehler ausmerzen würden und „perfekt" wären, es wird einfach nicht passieren.

Eine unserer Hauptaufgaben als menschliche Wesen besteht darin, zu akzeptieren, dass wir niemals vollkommen sein werden – dennoch können wir beständig danach streben, uns zu verbessern. Eine der großen Ironien des menschlichen Lebens ist es, dass wir uns niemals so sehen können, wie wir wirklich sind. Wir können unseren wahren Wert oder unsere wirkliche Bedeutung für andere niemals wertschätzen oder erkennen, außer widergespiegelt in den Augen anderer.

Kennen Sie den Film *Ist das Leben nicht schön?* Erinnern Sie sich daran, wie George Bailey, gespielt von Jimmy Stewart, Selbstmord begehen wollte, weil er sich für einen Versager hielt und dachte, es wäre besser für ihn, wenn er tot sei? (Ein perfektes Beispiel dafür, wie das Negative Spiegelbild uns ein völlig verzerrtes Bild der Wirklichkeit aufzeigt!) Erinnern Sie sich an die Schlussszene? Als die Leute herausfanden, dass sich George in Schwierigkeiten befand, öffneten sie ihm ihr Herz – und ihre Brieftaschen –, für all das, was er für sie getan hatte.

George Bailey war wie wir alle. Er erkannte nicht, dass er irgendeinen Wert im Leben hatte, bis Clarence, der Engel, ihm zeigte, wie das Leben ohne ihn ausgesehen hätte. Dass er erkannte, wie seine Gegenwart, sein eines, einziges Leben so viele andere Leben berührte, bewirkte, dass George wieder leben wollte!

Das Gleiche gilt für Sie und mich. Wenn Sie die zuvor beschriebene Übung machen, werden Sie erkennen, dass Sie nur der negativen Seite Ihres Geistes zugehört haben. Ich sage nicht, dass Sie diesen Teil Ihres Selbst zerstören oder ausmerzen müssen. Dies ist weder möglich noch nötig, um ein glückliches Leben zu führen. Stattdessen ist ein allmähliches Abwenden von der Dunkelheit zum Licht der Wahrheit hin erforderlich – der Wahrheit, dass man Sie hier braucht, dass Sie aus einem bestimmten Grund hier sind und dass niemand von uns glücklicher wäre, wenn es Sie nicht gäbe. Diese Wahrheiten widerlegen unmittelbar das, was viele von uns glaubten und was ihnen die meiste Zeit ihres Lebens eingetrichtert wurde. Es ist nicht nötig, das Dunkel auszumerzen, um sich am Licht zu erfreuen. Wenn wir jedoch sein und tun sollen, wozu wir bestimmt sind, müssen wir die Unterstützung bekommen, die wir brauchen, um aus den Schatten der Angst, des Selbsthasses und der Einsamkeit herauszutreten. Davon handelt der Rest dieses Buches.

Nehmen Sie sich jetzt bitte fünf bis zehn Minuten Zeit und führen Sie die in diesem Kapitel beschriebene Übung aus. Nehmen Sie Ihr Erfolgserlaubnis-Tagebuch und ziehen Sie einen Strich in der Mitte der Seite. Schreiben Sie „Negatives Spiegelbild“ über die linke Spalte und „Authentisches Selbst“ über die rechte Spalte. Atmen Sie tief ein. Dann schreiben Sie auf, was Sie von Ihrem Negativen Spiegelbild zu hören bekommen und was Ihnen Ihr Authentisches Selbst darauf antwortet.

Vielleicht erstaunt es Sie, auf welche gemeine Weise Ihr Negatives Spiegelbild Sie angreift. Regen Sie sich nicht auf; es tut nur seinen Job. Vielleicht merken Sie auch, dass Sie aufmerksam und sorgfältig lauschen müssen, um zu hören, was Ihnen Ihr Authentisches Selbst sagt. Nehmen Sie sich bitte gleich jetzt die Zeit, sich selbst von Einschränkungen zu lösen (erinnern Sie sich an die Definition von „exercise“?), und schreiben Sie auf, was beide Teile Ihres Selbst Ihnen zu sagen haben. Ich garantiere Ihnen, dass Sie, wenn Sie diese Übung absolvieren, viele der latent vorhandenen Gründe entdecken, warum Sie sich selbst davon abhalten, den Erfolg, den Sie anstreben und verdienen, zu erreichen.

Wenn so viele Leute so lange Zeit über Erfolg geschrieben und nachgedacht haben, wie konnte dann die Erfolgsmagersucht nur so lange verborgen bleiben?

Kapitel 7

Merkmale der Erfolgsmagersucht

So viel wurde geschrieben und geredet über das, was wir „Erfolg“ nennen, dass es nahezu unmöglich erscheint, dass niemand vor mir die Erfolgsmagersucht entdeckte. Werfen wir doch einen Blick auf die Merkmale der Erfolgsmagersucht, um zu verstehen, wie und warum dies passieren konnte. (Ich werde einige der am weitesten verbreiteten Erscheinungsformen dieses Zustands in diesem Kapitel darlegen. In Teil III erfahren Sie, wie man diese Symptome überwinden kann, indem man das ausmerzt, was sie verursacht.)

Lebensrasen

Zuerst müssen wir uns ins Gedächtnis zurückrufen, dass ein an Erfolgsmagersucht Leidender von seinem Negativen Spiegelbild getrieben wird, das ihm ständig Dinge einredet wie: „Du bist für andere eine richtige Last ... Du schaffst es nie ... Du bist ein Versager ... usw.“ Die meiste Zeit sind wir uns nicht einmal dessen bewusst, dass diese Botschaften in unserem Inneren ablaufen; es scheint nur, als sei in unserem Kopf ein ständiges „Gequassel“ in Gang, das es uns recht schwer macht, uns unseretwegen gut zu fühlen.

Dieses Phänomen wird allgemein „Gedankenrasen“ genannt: das heißt, der Geist des Betreffenden rast ständig von einem Einfall zum anderen, um die schmerzhaften Gedanken zu vermeiden, die der „Geschäftigkeit“ des Betreffenden zugrunde liegen. Man muss allerdings in Bezug auf Erfolgsmagersucht verstehen, wie sich das Gedankenrasen im Leben der Person auswirkt. Meine Erfahrung zeigt, dass Gedankenrasen einen äußeren Effekt erzeugt, den ich *Lebensrasen* nenne.

Lebensrasen tritt auf, wenn ein Mensch beim Versuch, schmerzvolle Gefühle abzuwehren, immer von einem Projekt zum anderen, von einer Arbeitsstelle zur nächsten, sogar von einer Region des Landes zur anderen hastet. Oft springt der Betreffende, wenn der Erfolg zum Greifen nahe scheint, zu einem völlig anderen Projekt, beginnt wieder bei Null, weil dies der einzige Ort ist, an dem er – oder sie – sich sicher und wohl fühlt.

Ich rechnete beispielsweise einmal aus, wie oft ich vor meinem 30. Geburtstag umgezogen war, und erkannte zu meinem Erstaunen, dass ich in 30 Jahren 38 Mal umgezogen war – die ersten 15 Mal, ehe ich 15 Jahre alt war! Aus diesem Grund fühlte ich mich wohler, wenn ich umzog, als wenn ich für längere Zeit an einem Ort blieb (z.B. ein Jahr lang). Ich erinnere mich deutlich daran, dass ich in meinem ersten High-School-Jahr an eine Schule mit Schwerpunkt Darstellender Kunst ging und mich nicht entspannen konnte, bis ich wusste, dass ich im nächsten Jahr diese Schule nicht mehr besuchen würde.

Der Kernpunkt ist, dass es nicht nur äußerst ermüdend ist, immer wieder bei Null anzufangen, dies kann auch niemals zum Erfolg führen. Das ist sicherlich kein Zufall. Meines Erachtens weiß ein Teil unseres Selbst, dass – würden wir nur lang genug bei einer Sache bleiben – wir auch nahezu zwangsläufig Erfolg haben müssten.

Warum wir unsere eigenen Leistungen abtun

Ein weiteres häufig vorkommendes Merkmal der Erfolgsmagersucht ist es, seine eigenen Leistungen herunterzuspielen – ganz egal, wie bemerkenswert sie sind, als wären sie nichts Besonderes –, indem wir vor uns und anderen Aussagen treffen wie: „Das ist keine große Sache. Das hätte jeder machen können. Schaut mal, was ich nicht getan habe ..."

Erinnern Sie sich an Amy, die Frau, die eine gemeinnützige Krebsforschungsstiftung ins Leben rief und leitete und dennoch meinte, sie gäbe oder tue nicht genug? Was ist mit Dan, der andauernd Leuten, die ihn lobten, zur Antwort gab: „Ich habe doch gar nichts getan – ich habe die Sache lediglich verkauft." Mark, ein anderer meiner Kursteilnehmer, hatte sich nach eigenem Bekunden bis zu seinem 18. Lebensjahr selbst beigebracht, Gitarre, Klavier, Bass und Trommel zu spielen (und wahrscheinlich noch ein paar andere Instrumente) – dennoch hielt er das für nichts Besonderes!

Der Grund, weshalb wir uns unbehaglich fühlen, wenn es uns gut geht oder wenn wir uns erlauben, auf unsere Leistungen stolz zu sein, liegt einfach darin, dass wir unseren wohlmeinenden Eltern oder Erziehern glaubten, als sie uns sagten: „Wachs bloß nicht aus deinen Fußstapfen heraus ... Niemand mag Angeber ... Sei nicht arrogant, sonst können dich die Leute nicht leiden."

Es ist nichts falsch daran, nicht arrogant zu sein. Ich schlage nicht vor, dass wir herumgehen und allen erzählen sollen, wie großartig wir sind. Wahrhaft erfolgreiche Leute müssen nicht allen verkünden, für wie toll sie sich halten. Bescheidenheit ist in der Tat die Tugend eines wirklich erfolgreichen und glücklichen Menschen. Dennoch sind viele von uns zu perfekt darin geworden, nicht zu glauben, dass wir etwas Besonderes sind – oder auch nur, dass wir gut genug sind.

Weil wir so sehr unseren Eltern gefallen und alle glücklich machen wollten, entschieden wir (unbewusst), dass der geschickteste Weg, dies zu tun, darin bestand, alle darüber zu informieren, dass wir uns nicht so sehr leiden mögen. Ist Ihnen schon einmal aufgefallen, dass kein anderer auch nur annähernd so gemein zu uns sein könnte wie wir selbst?

Das Problem liegt darin, dass das Herunterspielen unserer eigenen Leistungen uns zur Gewohnheit geworden ist – und schließlich eine sich selbst erfüllende Prophezeiung, und zwar für viele Menschen. Jetzt können sich viele nicht einmal mehr erinnern, wann sie je etwas taten, was für sie und andere gut genug war. Oder sie meinen, dass ihnen nicht einmal das Verdienst zu leben zustehe.

Die Leute, mit denen ich arbeite, um ihnen bei der Überwindung ihrer Erfolgsmagersucht zu helfen, sind ohne Frage die intelligentesten, fürsorglichsten, begabtesten und kreativsten Menschen, denen ich je begegnet bin. Der traurigste Teil meiner Arbeit ist es, mitzuerleben, wie wenig die meisten Menschen sich selbst wertschätzen. Natürlich ist es die Aufgabe des Negativen

Spiegelbildes, sicher zu gehen, dass wir uns unseretwegen niemals gut fühlen oder kein gutes Haar an uns lassen. Leider erledigt es seine Aufgabe verdammt gut.

„Filme der Tiefpunkte"

Ein weiteres Merkmal der Erfolgsmagersucht ist das, was ich „Filme der Tiefpunkte" nenne. Ich prägte diesen Begriff, als ich erkannte, dass das, was wir Selbstwertgefühl nennen, in Wirklichkeit durch die Bilder entsteht, die wir ständig in unserem Kopf abspielen. Leute mit einem hohen Selbstwertgefühl beispielsweise lassen im Geiste dauernd Botschaften ablaufen, die ihnen ein gutes Gefühl über sich selbst vermitteln. Leute mit geringem Selbstwertgefühl hingegen vergessen oder übersehen dauernd die guten Sachen, die sie getan haben, und erinnern sich unablässig an die Zeiten, als sie etwas „vermurksten" oder ihre Ziele nicht erreichten.

Ich erläutere Ihnen dies an einem Beispiel. Wussten Sie, dass Michael Jordan, der größte Basketballspieler aller Zeiten, den Ball öfter daneben warf, als dass er ihn im Korb unterbrachte, dass er einmal 36 Würfe innerhalb eines Spiels verfehlte, das die Chicago Bulls verloren, dass die Bulls drei Saisons lang mehr Spiele verloren als gewannen und dass er sieben Saisons erleiden musste, ehe er es überhaupt in das NBA-Finale schaffte?

Aber (und dies ist der Grund, weswegen Sie und ich und mehr als die Hälfte der Menschen auf diesem Planeten Michael Jordan kennen) nachdem Michael das NBA-Finale erreicht hatte, verlor er kein einziges Spiel mehr. Er wurde in jedem NBA-Finale, in dem er spielte, zum Most Valuable Player, also zum wertvollsten Spieler gewählt. Er gewann diesen tollen Titel in beinahe jeder Saison, die er in der NBA spielte. Und obwohl er viel mehr Würfe verfehlte als jemals traf, wie toll waren doch die, die er in den Korb beförderte!

Was merken Sie sich, wenn Sie einen Film mit und über Michael Jordan anschauen? Merken Sie sich jene ersten drei Saisons, die er verlor, jene sieben frustrierenden, bis er es in die NBA-Finale schaffte – oder sehen Sie ihn den Ball in den Korb knallen und die Meisterschaftstrophäe küssen? Merken Sie sich all seine verfehlten – oder die unglaublich tollen Würfe?

Die Antworten liegen auf der Hand: Natürlich bleiben Ihnen die Bilder des triumphierenden, siegreichen, erfolgreichen Michael Jordan in Erinnerung.

Haben Sie aber je bemerkt, was die meisten von uns machen? Die meisten gehen herum und sagen sich selbst Dinge wie: „Wenn ich nur nicht (das vermasselt) hätte ..." „Wenn ich nur (eine Pause) gehabt hätte ..." „Wenn ich nur nicht (diese dumme Entscheidung getroffen hätte) ..." „Wenn ich nur (gewusst hätte, was ich machen sollte) ...".

Kommt Ihnen das bekannt vor? Der Kernpunkt dabei ist, dass wir uns dies per se in Worten selbst mitteilen. (Deshalb sind sich die meisten von uns der Botschaften, die wir uns täglich vorbeten, nicht bewusst.) Der menschliche Geist arbeitet in Bildern und Gefühlen. In Wirklichkeit passiert es also, dass jene Bilder dessen, was wir „vermasselt" oder „verloren" haben, immer wieder in unserem Kopf ablaufen, bis diese negativen Bilder schmerzvolle Gefühle hervorzaubern, die dauerhaft in unsere Psyche eingeätzt werden.

Wenn wir ein Bild auf unsere geistige Leinwand projizieren (z.B. eine Erinnerung), ruft dies in uns ein – entweder positives oder negatives – Gefühl hervor. Genau dies passiert, wenn wir uns in unserem Leben einen Film anschauen. Wenn Sie etwa einen Film sehen, in dem jemand eine Zitrone isst, ruft dies ein saures Geschmacksempfinden in Ihrem Mund hervor. Ist Ihnen das nicht auch beim Lesen dieses Satzes so ergangen? Schmeckten Sie nicht die Zitrone so real in Ihrem Mund, als hätten Sie gerade hineingebissen?

Dies ist nur ein Beispiel für die tatsächliche Macht unseres Geistes. Wir verfügen über die Fähigkeit, uns selbst zum Glauben an etwas zu überlisten, das gar nicht geschehen ist!

Als ich ungefähr sechs oder sieben Jahre alt war, kam beispielsweise mein Vater nach Hause und wurde von meiner Mutter instruiert, meinem Bruder und mir den Hintern zu versohlen, weil wir unartig gewesen waren. Ich erinnere mich nicht mehr, was Josh, mein Bruder, und ich angestellt hatten, aber ich weiß ganz genau, dass es, was auch immer es war, Joshs Idee gewesen war. (Ich weiß dies deshalb, weil immer von ihm alle Einfälle kamen.

Ich machte einfach wie ein guter kleiner Bruder mit.) Mein Vater entschloss sich allerdings, mit dem Versohlen bei mir anzufangen.

Ich erinnere mich an meine Entschlossenheit, nicht zu weinen, weil ich mich nicht von meinem Vater unterkriegen lassen wollte. Dies veranlasste ihn allerdings nur dazu, noch fester zuzuhauen. Als er endlich aufhörte und es an der Zeit war, meinen Bruder zu verprügeln, wandte sich mein Vater an ihn, und Josh heulte sofort los, obwohl mein Vater ihn noch nicht einmal angefasst hatte.

„Warum plärrst du?“, fragte mein Vater meinen älteren Bruder. „Ich habe dich noch gar nicht gehauen.“

Josh war erst ungefähr acht oder neun Jahre alt. Ich habe keine Ahnung, wie er darauf kam, aber in diesem Augenblick gab er retour: „Warum sollte ich bis zum letzten Moment warten?“

Unnötig zu erwähnen, dass mein Vater so sehr lachte, dass mein Bruder nicht einmal einen Bruchteil der Prügel bekam, die ich abgekriegt hatte!

Obwohl dies eine komische Geschichte ist, erinnere ich mich deutlich an das Gefühl in mir, dass mein Vater meinen Bruder lieber mochte als mich. Ich erinnere mich an meinen Entschluss, dass ich, wollte ich in meiner Familie zurecht kommen, mehr meinem Bruder ähneln müsse – und ich bemühte mich in all den Jahren meiner Kindheit verzweifelt darum.

Dies ist ein Beispiel dafür, wie schlechte Erfahrungen uns dauerhaft ein schlechtes Gefühl zu vermitteln versuchen. Das Problem besteht nicht darin, dass wir Fehler machen oder dass uns Unangenehmes zustößt; das Problem ist vielmehr, dass wir dazu neigen, diese Begebenheiten immer und immer wieder im Geiste abzuspielen – bis wir vergessen, dass wir jemals irgendetwas richtig gemacht haben! Verwundert es da, dass so viele Menschen die meiste Zeit nicht sehr glücklich sind? (Wie man sich dem Einfluss, den schlechte Erfahrungen auf uns haben können, erwehren kann, wird in Kapitel 10 behandelt.)

Die zwei wichtigen Punkte: die Angst vor Erfolg und Selbstsabotage

Die bekanntesten Symptome der Erfolgsmagersucht sind wahrscheinlich Angst vor dem Erfolg und Selbstsabotage. Untersuchen wir diese Verhaltensweisen im Lichte unseres neuen Verständnisses, wie sich das Negative Spiegelbild im Leben eines intelligenten, kreativen, empfindsamen Menschen manifestiert.

Vor mehreren Jahren begannen Sozialpsychologen und andere Forscher, das Phänomen zu untersuchen, dass Leute nicht so sehr Angst vor einem Fehlschlag als vielmehr vor dem Erfolg haben. Dies lief einem Großteil der Erfolgsliteratur zuwider, die im Verlauf des letzten Jahrhunderts gedruckt wurde und sich fast völlig darauf konzentrierte, Leuten bei der Überwindung der Angst vor einem Fehlschlag zu helfen. Die Theorie, die sich mit der „Angst vor Erfolg und Selbstsabotage" befasste, schien jedoch das Verhalten vieler Menschen erklären zu können, die anscheinend über alles verfügten, was man zum Erfolg im Leben braucht, aber trotzdem nicht erfolgreich waren.

Die Forschung wies auf das Vorhandensein einer Furcht hin, die entsteht, wenn jemand einen höheren Grad an Erfolg erreicht als den, bei dem er sich wohl fühlt. Dies führt dazu, dass er auf einen Grad zurückfällt, bei dem er sich „wohler" fühlt (selbst wenn die Person sich dabei in Wirklichkeit überhaupt nicht gut fühlt und ständig danach strebt, Wege zur Verbesserung ihrer Position zu finden). Weil man annahm, dass in diesen Fällen die Menschen vor Erfolg Angst hatten, konzentrierte sich die Behandlung dieses Verhaltens auf die Überwindung der Erfolgsangst dieser Person – indem man ihr zeigte, dass man vor Erfolg keine Furcht zu haben braucht.

Mit dem Vorteil, dass man im Nachhinein alles viel klarer sieht, betrachten wir, warum dies bei Millionen von Menschen nicht funktioniert, obgleich diese Behandlung manchen hilft, und warum es so viele Leute gibt, die noch immer den Erfolg mehr als das Versagen fürchten.

Menschen mit einer Erfolgsstörung sind, per Definition, hochintelligent, mitfühlend, kreativ und sehr einfühlsam im Hinblick auf die Bedürfnisse anderer. Wenn Menschen sich in puncto

Erfolg aushungern, sind sie in der Tat empfindsamer für die Bedürfnisse anderer Menschen als für ihre eigenen.

Der Erfolgsmagersüchtige fällt dem weithin verbreiteten Glauben anheim, der besagt: „Damit der eine gewinnen kann, muss ein anderer verlieren." Beispiele für dieses „Gewinnen/Verlieren-Denken" lässt sich in jedem Bereich menschlichen Lebens entdecken, einschließlich im Leistungssport, in akademischen Kreisen, in der Geschäftswelt, in der Politik und in Liebesbeziehungen (in denen oft zwei oder mehr Menschen um denselben Partner konkurrieren).

Die meisten Leute erkennen nicht, dass es uns nicht nur möglich ist, zu gewinnen, ohne anderen etwas wegzunehmen, sondern dass ein Gewinn für uns per Definition auch einen Gewinn für andere bedeuten kann. Betrachten wir dies an einem Beispiel.

Angenommen, Sie und ich wollen beide ein Hotel auf einem bestimmten Grundstück bauen. Es gibt nur begrenzt Platz auf diesem Stück Land, so dass es eindeutig nur ein Hotel geben kann. Sie und ich geben beide Gebote zum Kauf des Grundstückes ab. Wir wetteifern um eine anscheinend seltene oder begrenzte Ressource.

Wenn es einen Begriff gibt, der einem Erfolgsmagersüchtigen Schauer über den Rücken jagt, ist es das Wort *„Wettbewerb"*, weil dieser Begriff für ihn nur eines beinhaltet: Einer muss gewinnen, und der andere muss verlieren. Können Sie erraten, in welcher Rolle sich der Erfolgsmagersüchtige wohler (sicherer) fühlt?

Warum fühlen sich bestimmte Leute beim Verlieren wohler als beim Gewinnen? Werden wir nicht von früher Kindheit an darauf getrimmt, dass Gewinnen unbedingt erstrebenswert ist? Gewiss, aber was ist mit den Leuten, die empfindsam für die Bedürfnisse der weniger vom Glück Begünstigten, für die Umwelt und die anderen Lebewesen auf der Erde (nicht nur Menschen gegenüber) sind? Würden diese Leute nicht die Zerstörungen sehen, welche die Menschen auf der Erde angerichtet haben, und zu dem Schluss gelangen, dass anscheinend immer einer verlieren muss, wenn ein anderer gewinnt? Könnten nicht mitfühlende, sensible Menschen daraus folgern, dass zu gewinnen einen zu hohen Preis erfordert und dass für sie der beste Weg zu gewinnen, darin bestünde, sicher zu gehen, dass sie verlieren?

Ich versuche nicht, witzig zu sein oder es komplizierter klingen zu lassen, als es ist. Ich versuche aufzuzeigen, dass das Negative Spiegelbild den Erfolgsmagersüchtigen in einer Art verzerrender Logik gefangen hält, die besagt: „Um zu gewinnen, musst du jemandem etwas wegnehmen, und nur schlechte Menschen nehmen anderen etwas weg. Weil du gewinnen willst, musst du ein schlechter Mensch sein. Deshalb solltest du nicht gewinnen dürfen. Andere Leute verdienen es ohnehin mehr als du."

Diese trügerische Logik bringt Erfolgsmagersüchtige nicht nur dazu, Angst vor ihrem eigenen Erfolg zu haben oder ihn zu sabotieren, sondern sich buchstäblich in puncto Erfolg auszuhungern – auf die gleiche Weise, auf die sich Nahrungsmagersüchtige in puncto Essen aushungern. Verlieren – sich nicht erlauben zu gewinnen – wird zu einer Gewohnheit, die fast nicht mehr zu durchbrechen ist. Wie Vince Lombardi sagte: „Gewinnen ist eine Gewohnheit, leider auch das Verlieren."

Bobby, einer meiner Kursteilnehmer, erzählte mir beispielsweise, dass er mit seinem Vater Pool-Billard zu spielen pflegte. Er wusste, dass er viel besser als sein Vater spielte, und Bobbys Vater wusste dies auch. Bobby beherrschte für gewöhnlich das Spiel bis zu seiner achten Kugel. Er schilderte mir, dass er dann jedes Mal die Kugel verfehlte oder aus Nervosität einen einfachen Schuss verfehlte und sein Vater gewann, wenngleich beide wussten, dass Bobby der Sieg gebührte.

Kurz nachdem Bobby gelernt hatte, sich selbst nicht mehr in puncto Erfolg auszuhungern, rief er mich an.

„Raten Sie mal, Noah!", sagte er und platzte fast vor Aufregung. „Gestern spielte ich mit Buddy (einem Freund) Billard. Mit ihm verfehlte ich die achte Kugel auch immer. Und nun raten Sie mal! Ich gewann drei Spiele hintereinander! Ich habe mir doch glatt erlaubt zu gewinnen!"

„Das ist ja toll", erwiderte ich. „Hat es Ihnen Spaß gemacht?"

„Und ob", meinte er.

„Und wie hat Buddy es aufgenommen?", erkundigte ich mich.

„Nach dem dritten Spiel", antwortete Bobby, „sagte er, ‚ich habe keine Lust mehr. Spielen wir doch etwas anderes.'"

Obwohl dieser Vorfall banal erscheinen mag, ist er doch ein geeignetes Beispiel für Hunderte von Gelegenheiten, mit denen wir täglich konfrontiert sind. Ob es uns nun gefällt und wir es zugeben wollen oder nicht, ein großer Teil der menschlichen Interaktion besteht aus Wettbewerb. Wenn wir einer Situation mit einer Spur von Wettbewerb gegenüber stehen, kommt ein Redestrom (im Allgemeinen jenseits unserer Bewusstseinsebene) in Gang, der sich etwa so anhört:

„Was passiert, wenn ich gewinne (diese Person schlage oder überflügle)?"

„Was, wenn er sich aufregt/eifersüchtig ist/ihm das nicht gefällt?"

„Was, wenn sie zu dem Schluss kommt, dass sie mich nicht mag/nicht mehr mit mir befreundet sein möchte?"

„Was werden meine Eltern denken?"

„Werden mich die Leute für egoistisch halten, wenn ich das will, was ich will?"

„Vielleicht sollte ich ihn einfach (wieder) gewinnen lassen."

Ich will damit nicht sagen, dass Leute jedes Mal, wenn sie zusammenkommen, um etwas wetteifern. Aber wir betrügen uns selbst, wenn wir nicht zugeben, dass eine der vorherrschenden Komponenten im Leben der Wettbewerb ist. Wenn Sie den Wahrheitsgehalt dieser Feststellung anzweifeln, müssen Sie sich nur eine *National Geographic*-Dokumentation über Tiere in der Natur anschauen, dann kommt ihnen menschlicher Wettbewerb im Vergleich dazu ziemlich zahm vor.

Wir können uns jedoch auch daran erinnern, dass das englische Wort für Wettbewerb, *competition,* in seiner lateinischen Wurzel eigentlich „gemeinsam anstreben" bedeutet. Wir müssen nicht dem Glauben erliegen, demzufolge jemand verlieren muss, wenn einer gewinnt. Diese Überzeugung entspricht einfach nicht der Wahrheit, insbesondere in der heutigen globalen Wirtschaft.

Viele Unternehmer halten es für den sichersten Weg, im Geschäftsleben zu versagen, wenn man Informationen mit seinen Wettbewerbern nicht teilt, weil auf Grund der immer schmaler werdenden Profitmargen und der immer schlauer werdenden Verbraucher die alten Taktiken, die früher das Geschäft voranzutreiben pflegten – wie Geheimniskrämerei und Zurückhalten von Informationen – nicht nur veraltet sind, sondern heute praktisch den Misserfolg garantieren.

Kehren wir zu dem Beispiel mit dem Grundstück und dem Hotel zurück. Anstatt einen Angebotskampf zu eröffnen, könnten

Sie und ich uns vielleicht zu einem so genannten Joint Venture entscheiden, bei dem Sie das Hotel bauen und ich das angrenzende Restaurant. Oder ich könnte das Hotel bauen und Sie betreiben einen Service, der die Gäste vom Flughafen holt und wieder dorthin bringt. Oder eine Einkaufspassage. Oder einen Streichelzoo. Es gibt endlos viele Möglichkeiten.

Entscheidungen, Entscheidungen

Die meisten Leute machen sich wegen Entscheidungen Sorgen. Wir alle wollen im Leben die richtigen Entscheidungen treffen. Aber jeder hat schon Entscheidungen gefällt, über die er sich später wunderte: „Was habe ich mir nur gedacht, als ich diese Entscheidung traf?“ In Bezug auf die Erfolgsmagersucht muss man sich jedoch daran erinnern, dass keine Entscheidung jemals wie die richtige aussieht. Erfolgsmagersüchtige reden sich ein, wenn sie einen Entschluss fassen, müsse es der falsche gewesen sein. Es scheint keinen Ausweg zu geben.

Jeder von uns muss täglich eine Vielzahl von Entscheidungen fällen. Viele davon sind praktischer Natur und ziemlich trivial: „Soll ich mir zuerst den linken oder den rechten Socken anziehen? Müsli oder Corn Flakes? Butter oder Margarine?“ – aber viele sind relativ wichtig: „Gehe ich heute zur Arbeit, oder bleibe ich zu Hause? Gehe ich heute auf Stellensuche oder nicht? Welcher Art von Arbeit möchte ich wirklich nachgehen? Mit wem möchte ich eine Familie gründen?“

Stellen Sie sich vor, Sie hätten jede Ihrer getroffenen Entscheidungen, angefangen von den Klamotten, die Sie sich am Morgen auswählen, über das Essen, das Sie zu sich nehmen, und die Entscheidung, wen sie heiraten, bis zu der Art von Arbeit, der Sie nachgehen, von einem Komitee leiten lassen, das jedes Mal zu dem Schluss kam, Sie lägen immer falsch! Können Sie sich vorstellen, wie schwierig es wäre, durch den Tag zu kommen?

Ich war früher ein grandioses Beispiel für die Wendung: „Der menschliche Geist ist eine wunderbare Sache. Er beginnt am Tag Ihrer Geburt zu arbeiten und hört niemals damit auf, bis Sie jemandem begegnen, zu dem Sie sich hingezogen fühlen.“ Immer wenn ich eine Frau traf, die mir gefiel, konzentrierte ich mich so sehr darauf, sie zu beeindrucken, dass ich mich selbstverständlich in einen plappernden Deppen verwandelte.

Allmählich erkannte ich, dass mein Unbehagen von eben jenem Gedanken herrührte, dass ich sie beeindrucken müsse. Weil ich wirklich nicht sehr von mir überzeugt war, versuchte ich dies hinter einer Fassade falscher Prahlerei zu verbergen. Diese Strategie funktionierte so großartig, dass es mir nicht gelang, irgendjemanden außer mir zu täuschen.

Ich erkannte nicht, dass ich mich einer mikroskopischen Selbstanalyse unterwarf, die von Gedanken herrührte wie: „Hoffentlich sage ich jetzt nichts Falsches ... Hoffentlich mache ich keinen Fehler ... Ich wette, sie schaut mir auf die Nase." Kein Wunder, dass sich diese Frauen nicht wohl fühlten. Und ich mich auch nicht!

Ich kapierte nicht, dass sich fast jeder unbehaglich fühlt, wenn er einem unbekannten Menschen begegnet. Als ich erkannte, dass diese Frauen ebenso nervös waren und sich im Wesentlichen derselben Selbstanalyse wie ich unterwarfen, wurde ich entspannter. Dann erkannte ich, dass jeder tausendmal mehr an sich selbst interessiert ist als an mir. Die Leute gehen einfach nicht mit dem Gedanken an Sie oder mich heim, sondern mit dem Gedanken an sich selbst.

Sowie ich dies erkannte, vollbrachte ich die wichtigste Veränderung in meinem Denken – mir kam die Idee, die es mir mehr als jeder andere Gedanke ermöglichte, mich über die Stimme des Negatives Spiegelbildes zu erheben: Wenn nun jeder viel mehr an sich selbst interessiert ist als an mir, was würde passieren, wenn ich der eine Mensch wäre, der ebenso interessiert an ihnen wäre wie sie selbst?

Anstatt Eindruck schinden zu wollen, entschied ich mich dafür, beeindruckt zu sein. Anstatt faszinieren zu wollen, entschied ich mich dafür, mich faszinieren zu lassen. Ich wechselte von dem Versuch, das Zentrum der Aufmerksamkeit zu sein, dazu über, Aufmerksamkeit zu schenken. Sie können sich ausmalen, was geschah. Ich begann endlich, Freunde zu gewinnen und Menschen zu beeinflussen, und meine Bekannten fingen tatsächlich an, mich anzurufen! Das war mit Sicherheit vorher nicht der Fall gewesen, als ich so mit meinem kleinen (negativen) Selbst beschäftigt war, dass ich für keinen anderen mehr Zeit gefunden hatte.

Wir müssen uns daran erinnern, dass die Angst vor Erfolg/Selbstsabotage und all die anderen Symptome der Erfolgsmagersucht Auswirkungen, nicht etwa Ursachen darstellen. Diese Symptome oder Auswirkungen werden durch das andauernde Sperrfeuer selbstzerstörerischer Botschaften des Negativen Spiegelbildes hervorgerufen, das den Betroffenen weismacht, sie müssten perfekt sein, um Erfolg zu verdienen, und weil sie nicht alle glücklich machen, könnten sie auch nicht perfekt sein – also dürften sie auch nicht erfolgreich sein.

Wir dürfen auch nicht vergessen, dass es anzustreben gilt, die Ursachen, nicht Auswirkungen (Symptome) zu behandeln. Es gibt ein tiefer liegendes Problem, das nicht durch Schnellreparatur, Motivation und Aufmunterung oder positives Denken allein gelöst werden kann. Der verbleibende Teil dieses Buches handelt davon, wie man dieses tiefer liegende Problem löst und die Ursachen der Erfolgsmagersucht ausmerzt.

Da wir nun wissen, was Erfolgsmagersucht ist, erhebt sich die Frage, wie wir sie überwinden können?

Teil III

Die Lösung

Kapitel 8

Warum soll man Erfolgsmagersucht überwinden?

Der Titel dieses Kapitels lautete ursprünglich „Wie man Erfolgsmagersucht überwindet“. Dann erkannte ich, dass dieser Titel bedeuten würde, dass ich mich damit auf das „Wie“ konzentrieren und denselben Fehler begehen würde, den die traditionelle Erfolgsliteratur gemacht hatte: nämlich anzunehmen, dass Sie das „Warum“ bereits kannten!

Lassen Sie mich Ihnen deshalb eine Frage stellen: Warum halten Sie es für wichtig, Erfolgsmagersucht zu besiegen? Ehe Sie diese Frage beantworten, werfen wir einen Blick darauf, was Erfolgsmagersucht Menschen antut:

- Erfolgsmagersucht macht Menschen unfähig, außer Stande oder nicht willens, Erfolg zu haben. Beispiele dafür finden sich im Verlauf dieses Buches.
- Erfolgsmagersucht macht Menschen unfähig, Erfolg zu genießen, wenn sie denn jemals erfolgreich sind. Erinnern Sie sich an den Mann, der immer verlor, weil er sich beim Gewinnen nicht wohl fühlte?
- Erfolgsmagersucht hält intelligente Menschen vom Gebrauch ihrer Intelligenz ab, kreative Menschen vom Ausdruck ihrer Schöpferkraft und einfühlsame Menschen davon, mit Hilfe ihrer Sensibilität anderen zu helfen, ihnen von Nutzen zu sein, sie zu lehren und zu inspirieren, und beraubt uns so alle des Einsatzes unserer Gaben, derer die Menschheit so dringend bedarf.
- Erfolgsmagersucht bringt den Menschen, die ihre Opfer lieben und sich um sie sorgen, Kummer und Schmerz. Jeder der Erfolgsmagersüchtigen hat Familienangehörige und Freunde, die ihn lieben und sich um ihn sorgen und die mit ihm leiden.

- Erfolgsmagersucht treibt Menschen in Schulden, Zahlungsunfähigkeit und Bankrott. Geld ist in unserer Gesellschaft ein wichtiger Maßstab für Erfolg, wenngleich nicht notwendigerweise der wichtigste. Wenn sich jemand in puncto Erfolg aushungert, zeigt sich diese Selbstmisshandlung oft als Mangel an Geld oder materiellem Wohlergehen.
- Erfolgsmagersucht bewirkt, dass Menschen ihre Enttäuschung, Wut, Abscheu vor sich selbst und ihren Selbsthass an der eigenen Person auslassen, was zu Selbstverstümmelung, Verlust von Freundschaften und sogar zum Selbstmord führen kann.
- Erfolgsmagersucht bewirkt, dass Leute arbeitslos bleiben oder in Berufen arbeiten, die weit unter ihren Fähigkeiten oder ihrem intellektuellen Niveau liegen. Wie Geld ist auch unser Beruf oder unsere Karriere ein wichtiger Gradmesser unseres Erfolges – wiederum nicht notwendigerweise der wichtigste. Erfolgsmagersucht bringt ihre Opfer dazu, an einem Arbeitsplatz zu verharren, an dem ihre Fähigkeiten und Talente ungenutzt und unerkannt bleiben und nicht zum Ausdruck kommen. (Denken Sie nur an all die Menschen in Ihrem Bekanntenkreis, die aus den ihnen verliehenen Gaben so viel mehr machen könnten!)
- Erfolgsmagersucht bringt Menschen dazu, sich zu fragen, warum sie morgens aufstehen sollen – oder ob sie sich das überhaupt fragen sollten.
- Erfolgsmagersucht bringt Leute dazu, sich zu fragen, warum sie weiterleben sollen – und nicht zu wissen, ob sie das können.

Kurz gesagt, Erfolgsmagersucht macht den daran leidenden Menschen das Leben zur Hölle und ruft bei denjenigen, denen an den davon Betroffenen liegt, ebenfalls Kummer und Schmerz hervor. Ist es nach dieser Analyse nicht klar, dass wir sofort handeln sollten, um Erfolgsmagersucht zu überwinden?

Nein. Nicht jetzt schon.

Selbst wenn Sie glauben, dass alle der oben angeführten Gründe gefährlich und zerstörerisch für Menschenleben sind, so wurde ein Aspekt der Erfolgsmagersucht im Laufe des Buches immer wieder angedeutet und soll jetzt in aller Deutlichkeit dargelegt werden:

Das Leben will wirklich, dass Sie Erfolg haben. In der Tat ist es für das Leben von größter Bedeutung, dass Sie erfolgreich sind.

Wenn Sie wirklich die Erfolgsmagersucht überwinden und damit aufhören wollen, sich Ihren verdienten Erfolg vorzuenthalten, müssen Sie dieser Feststellung mehr als allem anderen glauben.

Was um alles in der Welt bedeutet diese Aussage? Fangen wir mit dem Wort *Leben* an. Was ist Leben? Dichter, Philosophen, Theologen und alle anderen Menschen stellen sich diese Frage, seit wir Menschen das erste Mal zu den Sternen emporblickten.

Die einfachste Definition von Leben, die ich gefunden habe, besagt, dass Leben die eigentliche Umwelt oder Wirklichkeit ist, die im Universum existiert. „Leben" in diesem Sinn geht über die menschliche Existenz hinaus und schließt alles mineralische, pflanzliche und tierische Leben, das man auf Erden finden kann, mit ein.

Das hätten wir also abgehandelt.

Die nächste Wendung *will wirklich* ergibt anscheinend überhaupt keinen Sinn. Vielen von uns fällt es schwer zu verstehen, wie das Leben irgendetwas wollen könnte. Viele von uns wurden glauben gemacht, dass das Leben entweder etwas Geheimnisvolles und Unergründliches ist oder etwas, das man in irgendwelche Bestandteile zerlegen und neu zusammenfügen kann, damit es den Vorstellungen der Menschen entspricht. Keine dieser Überzeugungen spiegelt jedoch die eigentliche Umwelt oder Wirklichkeit wider, die im Universum existiert (vergessen Sie nicht, das ist die Definition von Leben, von der wir ausgehen).

Leben ist weder geheimnisvoll und unergründlich, noch kann man es in irgendwelche Bestandteile aufgliedern, in die die Menschen es gern zerlegen wollen, um es danach ihrem Geschmack nach wiederzubeleben. Leben ist schlicht und einfach zweierlei: Liebe und Gesetz.

Liebe ist, in diesem Sinn, die vollkommene bedingungslose Liebe, die zwischen dem Leben und ihm selbst besteht. Es kann keine Trennung zwischen Leben und dem, was lebt, geben. Daher gibt es für das Leben nichts anderes zu lieben als sich selbst. Wir Menschen sind einfach eine Form des Lebens selbst (Felsen und

Bäume und Wale und jede andere Form von Leben sind andere Ausdrucksmöglichkeiten des Lebens selbst).

Gesetz ist einfach die Reihe von Prinzipien, die gleichermaßen auf die verschiedenen Formen des Lebens zutrifft, ungeachtet dessen, wie dieses Leben sich manifestiert. Ein Beispiel für ein Gesetz ist das Prinzip der Schwerkraft, das ein Naturgesetz ist und alle Materie im Universum gleichermaßen betrifft, ohne Rücksicht darauf, um wen oder was es sich handelt. Gleichgültig, wie nett, gemein, groß, klein, dünn, dick, alt oder jung Sie sind, wenn Sie von einem Gebäude springen, fallen Sie auf den Boden hinunter.

Der Schlüssel zum Leben und Lebendig-Sein: Warum positives Denken nicht ausreicht

Der Schlüssel zum Leben und Lebendig-Sein besteht im Wissen, dass das Leben sein eigenes Gesetz nicht brechen kann. Das erste Gesetz des Lebens ist Liebe: die vollkommene bedingungslose Liebe, die das Leben für sich selbst hegt. Ein Weg, wie sich dies in unserem Leben ausdrückt, besteht darin, dass unsere Gedanken uns als unsere Erfahrungen vor Augen geführt werden.

„Was wollen Sie damit sagen?“, fragen Sie vielleicht. „Seit Jahren denke ich positiv, und ich habe noch immer nicht das erreicht, was ich will. Wie soll das Ausdruck von Liebe sein?“

Vergessen Sie nicht, dass Sie und ich aus viel, viel mehr als nur unseren bewussten Gedanken bestehen. Wir sind ein komplexes System von Gedanken, Gefühlen, Träumen, Überzeugungen, Werten und Prinzipien, die alle dem Gesetz unterliegen. Tatsächlich machen unsere bewussten Gedanken wahrscheinlich weniger als 15 Prozent all unserer Gedankenprozesse aus.

Ich will ein Beispiel anführen. Wie im vierten Kapitel erwähnt, habe ich mich seit meiner Jugend mit Erfolgsliteratur beschäftigt. Doch obwohl ich alles, mit dem ich mich in den jeweiligen Kursen oder Trainingsprogrammen befasste, eifrig ausprobierte, verlor ich schließlich mein Selbstvertrauen und glitt wieder in einen

Zustand geringen Selbstwertgefühls zurück, weil ich nie meine mir zugrunde liegenden Überzeugungen veränderte, die mir einredeten: „Jeder wäre umso viel glücklicher, wenn du nicht da wärst."

Sie fragen sich vielleicht, wo in diesem Beispiel die Liebe steckt? Warum unterstützte mich das Leben nicht? Die Antwort lautet: Das Leben unterstützte mich, aber nicht auf die Weise, wie mir glauben gemacht wurde, dass es das tut. Sehen Sie, nach meiner Beschäftigung mit traditioneller Erfolgsliteratur – die ja weitgehend auf dem „Wie" basiert – arbeitete ich eifrig auf der Ebene des Verhaltens, der Handlung und der Motivation (also dem „Wie"). Eine Zeit lang war ich dann zu geringfügigen Verbesserungen in meinem Leben fähig.

Meine mir zugrunde liegenden Überzeugungen, warum ich nicht erfolgreich sein könnte oder dürfte, hatten sich jedoch nicht geändert. Ich glaubte noch immer, dass es besser sei, wenn andere Erfolg hätten, nicht ich. Mein Negatives Spiegelbild redete mir weiterhin ein, dass ich ein gemeiner, selbstsüchtiger Mensch würde, wenn ich wirklich erfolgreich wäre (ein toller Weg, mich dazu zu motivieren, mich des Erfolges zu enthalten!).

Da ich die Ursachen für meine Erfolglosigkeit nicht behoben hatte – ich war mir ihrer nicht einmal bewusst –, konnte ich meine Verhaltensweisen, Einstellungen oder Gewohnheiten nicht auf Dauer verändern. Ich arbeitete eifrig auf der Ebene des „Wie", aber ich war mir des „Warum" oder „Warum nicht" nicht einmal bewusst. (Erinnern Sie sich, wenn wir nur auf der Ebene des „Wie" arbeiten, nutzen wir nur den kleinsten Teil dessen, was uns wirklich motiviert oder uns überhaupt etwas im Leben zu tun erlaubt.)

Unterm Strich kam dabei Folgendes heraus: Das Leben spiegelte mir perfekt meine Überzeugungen über mich selbst und meine Beziehung zu anderen wider – in Form meiner Erfahrungen. Ich glaubte, dass ich nicht erfolgreich sein solle oder dürfe; und so ließ ich mich – ganz klar doch – nicht erfolgreich sein! Das Leben unterstützte deshalb meine inneren Überzeugungen und was ich für richtig erachtete, ungeachtet dessen, was ich sagte, wie gern ich erfolgreich sein wollte oder was ich auf der Ebene des „Wie" unternahm.

War dies unglaublich verwirrend? Entsetzlich frustrierend? Genug, um mich an den Rand des Selbstmords zu treiben?

Ja, allerdings.

Merken Sie sich bitte, der Versuch, Ihr Leben durch Motivation oder positives Denken allein zu verändern, ist, als würden Sie auf der Suche nach dem Sonnenuntergang Richtung Osten fahren. Ihr Wunsch, den Sonnenuntergang zu sehen, mag sehr stark sein; Sie können ein unglaublich guter Autofahrer sein; Sie können das teuerste Auto der Welt fahren; und Sie sind vielleicht sehr schnell unterwegs. Aber Sie werden den Sonnenuntergang niemals sehen, solange Sie in der falschen Richtung unterwegs sind.

Wenn wir uns unbewusst vom Erfolg abhalten (weil wir innerlich glauben, dass wir nicht erfolgreich sein können, sollen oder dürfen), können wir positiv denken, Ziele aufschreiben und Tag und Nacht schuften .... aber wir werden nie zulassen, dass wir erfolgreich sind.

Selten sehen wir das Leben als das, was es wirklich ist. Unsere Vorstellungen darüber, was Leben wirklich ist, werden zwangsläufig durch die Überzeugungen und Erfahrungen unserer Eltern und Großeltern geprägt sowie durch das, was wir dem Fernsehen und anderen Einflüssen entnehmen. Überdies werden viele der Menschen, die uns zu sagen versuchen, was das Leben wirklich ausmacht, als Mystiker, Schamanen, Propheten, Seher, Gurus bezeichnet – oder als verrückt tituliert.

Wir müssen aufpassen, dass wir unsere Vorstellungen nicht mit uns durchgehen lassen, wenn wir Leben interpretieren. Leben existiert einfach. Gesetz existiert einfach. Liebe existiert einfach. Das Leben setzt sich aus Gesetz und Liebe zusammen. Es ist wirklich so einfach.

Hierin also liegt die Antwort auf die Frage zu Beginn dieses Kapitels: „Warum ist es wichtig, die Erfolgsmagersucht zu überwinden?“

Wenn Sie es nicht tun, entgeht dem Leben etwas sehr Wichtiges.

Sie.

Dieses Wissen ist täuschend einfach. Lassen Sie diese Ideen ein wenig auf sich wirken. Lesen Sie dieses Kapitel noch einmal durch und schreiben Sie Ihre Einfälle dazu in Ihr Tagebuch. Wenn

Sie diesen Ideen allerdings zu sehr nachhängen, entgleiten sie Ihnen womöglich.

Nachdem er die meisten der großen Philosophen der Menschheit, die heiligen und spirituellen Schriften studiert hatte, schuf der brillante Gelehrte D. Ernest Holmes eine Lehre, genannt Wissenschaft des Geistes. D. Holmes‘ Werk hat den größten Einfluss eines Einzelnen auf mein Wissen ausgeübt, wie und warum das Universum so funktioniert, wie es funktioniert. Dr. Holmes schrieb einmal: „Dieses Ding namens Leben ist so einfach, ich finde, ich muss es ein wenig ‚verkomplizieren‘, um es den Leuten zu erklären.“

Was sollten wir als Erstes tun, nachdem wir jetzt wissen, warum wir Erfolgsmagersucht überwinden sollten?

Kapitel 9

Der erste Schritt zur Überwindung der Erfolgsmagersucht: Bedingungslose Unterstützung und Liebende Spiegel

Erinnern Sie sich an die Übung mit dem Badezimmerspiegel und dem Spiegelkabinett in Kapitel 5? Erinnern Sie sich, dass das Negative Spiegelbild in Wirklichkeit ein verzerrtes Abbild des Authentischen Selbst ist? Was würden Sie mit Ihrem jetzigen Wissen über das Negative Spiegelbild für den ersten Schritt zur Überwindung der Erfolgsmagersucht halten?

Die Antwort lautet: „Gehen Sie zurück ins Badezimmer." Anders ausgedrückt, Sie müssen sich – vielleicht zum ersten Mal – so sehen, wie Sie wirklich sind, nicht so, wie Sie im Spiegelkabinett ausschauen. Es ist verblüffend und herzzerreißend, mitzuerleben, wie viele Leute überhaupt keine Ahnung haben, dass sie außerhalb ihres Arbeitsplatzes, ihrer Rolle in der Familie oder abgesehen von ihren sonstigen Leistungen (Auszeichnungen, Geld oder Ehrungen) einen Wert oder eine Bedeutung haben. Eine der größten Ironien des menschlichen Lebens besteht darin, dass wir uns nie so sehen können, wie wir wirklich sind, sondern nur so, wie wir in den Augen der anderen widergespiegelt werden.

Das heißt, dass wir die Pflicht und Verantwortung haben, das, was ich *Liebende Spiegel* nenne, für die Menschen in unserem Leben zu werden – insbesondere für uns selbst. Was ist ein Liebender Spiegel? Schlicht und einfach eine Person, die Sie bedingungslos lieben kann. Jemand, der Ihnen die Unterstützung gewährt, die Sie brauchen. Jemand, der Sie so sieht, wie Sie wirklich sind.

Darin liegt die erste und einzige wahre Aufgabe von Ratgebern, Bezugspersonen, Eltern, Geschwistern oder Freunden: den Menschen Liebe widerzuspiegeln – ihnen ihr Authentisches Selbst zu zeigen, indem sie sie bedingungslos lieben und unterstützen. Das ist weder so einfach noch so schwierig, wie es klingt.

Vielleicht möchten Sie sich einen Augenblick Zeit nehmen und sich diese Fragen stellen:

1. Wie viele Menschen in meinem Leben unterstützen mich bedingungslos?
2. Wie viele lieben mich als die Person, die ich bin, ganz egal, was ich tue?
3. Wie viele haben je hinter die Fassade geschaut, die ich errichtet habe, auf die Schönheit und Pracht, die in mir ist?

Wenn Sie wie jeder andere Mensch sind, dem ich bisher begegnet bin, fällt die Zahl der Personen, bei denen Sie jede der drei Fragen mit Ja beantworten würden, nicht besonders hoch aus. Wenn Sie viel Glück haben, liegt sie bei Eins oder höher. Unsere Aufgabe auf Erden ist es, zu lernen, zu wachsen und auf irgendeine Weise zum Leben beizutragen – indem wir unsere Gaben, Talente und Fähigkeiten zum Ausdruck bringen. Ein Teil des Lernens besteht darin, Fehler zu machen. Sie haben es schon gehört, und es stimmt wirklich: Niemand ist vollkommen.

Erfolgsmagersüchtige haben jedoch auf Grund ihres äußerst sensiblen Wesens verinnerlicht, dass sie perfekt sein müssen, um Glück oder Erfolg zu verdienen. Weil sie nun einmal nicht vollkommen oder nicht „gut genug" sind, können, sollten oder dürfen sie jedoch nicht erfolgreich sein.

Deshalb wird ihr Verhalten oft als perfektionistisch und äußerst beherrscht bezeichnet, und deshalb etikettiert sie man sie oft als hundertfünfzigprozentig und hoch motiviert. Sie versuchen nicht wirklich, perfekt zu sein, ebenso wenig wie sie aufrichtig glauben, dass sie perfekt sein *müssen.*

Sie werden nicht von einem Wunsch, sich selbst oder ihren Standort im Leben zu verbessern, angetrieben (ein natürlicher Wunsch für jedes menschliche Wesen). Stattdessen werden sie durch das Bedürfnis motiviert, es dem Schläger des Negativen Spiegelbildes beweisen zu wollen, dass sie in der Tat etwas wert sind – was bedeutet, dass sie dem Schläger zu beweisen versuchen, dass sie perfekt sind. Das Problem liegt darin, dass das Negative Selbstbild niemals auch nur annähernd mit dem zufrieden ist, was sie erreichen, ganz egal, wie viele tolle Bewertungen, Belohnungen oder Trophäen sie sich verdienen.

Ich will Ihnen dies an einem Beispiel verdeutlichen. Ich trat einmal bei der Gameshow *Concentration* auf. In der Show gibt es ein Piktogramm, von dem nacheinander jeweils ein Quadrat aufgedeckt wird. Um das Puzzle aufdecken zu können, müssen die Mtiwirkenden die Preise, die unter den Quadraten zum Vorschein kommen, zusammenfügen. Wenn man nacheinander zwei Puzzles vervollständigt, darf man an einem Gewinnspiel um ein neues Auto teilnehmen.

Sechs Monate vor meiner Teilnahme schaute ich mir die Show jeden Tag an. Schließlich kannte ich die Piktogramme im Schlaf. Ich sagte mir immer wieder vor: „Ich will nur eine Reise nach Hawaii oder Australien gewinnen."

Ich sprach bei meiner Ankunft in Los Angeles für die Show vor und löste, aber klar doch, alle Puzzles und bestand auch den Persönlichkeitstest (was bewies, dass ich Persönlichkeit habe). Bei meinem Auftritt in der Show deckte ich Karte um Karte richtig auf, was bedeutete, dass ich mir den Preis aussuchen konnte, den ich wollte. Können Sie erraten, welche Reise als Preis vergeben wurde? Richtig: eine Reise nach Hawaii. Und wissen Sie was? Ich gewann sie!

Sie meinen jetzt, ich wäre aus dem Häuschen gewesen, ja? Raten Sie noch einmal.

Sehen Sie, mit dem Gewinn der Hawaii-Reise verbunden war die Teilnahme an einem weiteren Gewinnspiel, bei dem ich einen Neuwagen gewinnen konnte. Bei diesem Spiel handelte es sich um ein Spiel gegen die Uhr, bei dem man sieben verschiedene Autotypen in weniger als einer Minute durch Zusammensetzen verschiedener Puzzleteile erkennen musste. Ich hatte mir eine genaue Strategie ausgetüftelt. Ich würde die Puzzleteile in einer bestimmten Reihenfolge zusammensetzen, die ich monatelang eingeübt hatte.

Hier war ich in meiner Lieblings-Gameshow und nahm daran teil, davon hatte ich seit sechs Monaten geträumt. Es lief wie geplant. Ich hatte gerade eine Reise nach Hawaii gewonnen. Und jetzt stand ich vor diesen glänzenden neuen Autos, auf denen sich Models räkelten. Während einer Werbeunterbrechung sagte eine der Showassistentinnen zu mir: „Sie werden es schon schaffen und ein Auto gewinnen." Ich strahlte. Es ging weiter. Die Uhr begann zu laufen. Ich musste in 45 Sekunden sieben Autos zusammensetzen. Los!

Ich wandte die Strategie an, die ich seit Monaten eingeübt hatte, und nach 35 Sekunden hatte ich ... exakt ein Auto geschafft. Ich hatte es in den Sand gesetzt und wusste es.

Unglaublicherweise fügte ich in den nächsten zehn Sekunden fünf der verbleibenden sechs Autos zusammen. Das letzte blieb jedoch unbestimmbar und, leider, leider – ich gewann kein Auto. In der nächsten Runde trat ich gegen eine Frau an, die ich vor dem Auftritt kennen gelernt hatte. Ich kam mir sehr toll vor und war mir sicher, ich könne sie schlagen. Allerdings hatte ich auch so ein komisches Gefühl im Bauch, ein Gefühl, dass ich nicht gewinnen würde. Mein Gefühl stellte sich als richtig heraus. Sie schlug mich um Längen ... und machte dann weiter und gewann schließlich einen neuen Lieferwagen!

Als ich heimkam, fühlte ich mich erschöpft, geschlagen und mies. Ich rief meine Eltern an, die ich mit der Nachricht überraschen wollte, dass ich in meiner Lieblingsshow aufgetreten war. Ich erzählte ihnen, dass ich gerade eine Reise nach Hawaii gewonnen hatte. War ich aus dem Häuschen? War ich von der Rolle?

Nein. Ich war am Boden zerstört – nur, weil ich kein Auto gewonnen hatte. Ich fühlte mich als Versager.

Es tat nichts zur Sache, dass ich es in meine Lieblingsshow geschafft hatte, dass sich all die Monate harter Arbeit und Vorbereitung schließlich ausgezahlt hatten. Es zählte auch nicht, dass ich gerade eine Reise nach Hawaii gewonnen hatte – mein Traumurlaub – und dass ich umsonst hinflog und 350 Dollar Taschengeld zum Verjuxen bekommen hatte. Und es war auch nicht wichtig, dass ich gerade Alex Trebek kennen gelernt und mir einen guten Auftritt im nationalen Fernsehen verschafft hatte. Nein, ich war ganz geknickt, weil ich nur sehen konnte, was ich *nicht* geschafft hatte, wo ich versagt und mein Ziel nicht erreicht hatte. Alles nur, weil ich kein Auto gewonnen hatte (für das ich zu dieser Zeit ohnehin nicht hätte die Steuern bezahlen können).

Verblüffend, was wir uns dank des Negativen Spiegelbildes selbst antun, nicht wahr?

Wie mit allem anderen, müssen wir auch hier ganz am Anfang beginnen.

Viele Menschen unseres Kulturkreises sind in einer Umgebung aufgewachsen, in der Liebe nur unter Bedingungen gegeben wird. Das bedeutet, wenn sie das Richtige taten, wenn sie funktionierten oder sich anpassten, wenn sie so auftraten, wie es ihre Eltern oder Respektspersonen wünschten, bekamen sie „Liebe". Wenn sie jedoch, aus welchen Gründen auch immer, nicht auf die richtige Weise auftraten oder nicht das Richtige taten, bestraften die meisten Eltern oder Respektspersonen sie mit Liebesentzug und wirkten so unerwünschtem Verhalten entgegen.

Alle Menschen bedürfen bedingungsloser Liebe, um ihr Bestes zum Ausdruck bringen und an sich glauben zu können. Wenn Kinder, vor allem übersensible, spüren, dass Liebe an Bedingungen geknüpft wird, glauben diese Kinder zwangsläufig, dass sie Liebe nur verdienen (also der Liebe würdig sind), wenn und falls sie die erwarteten Leistungen erbringen oder sich anpassen.

Was bedeutet bedingende Liebe? Wie unterscheidet sie sich von bedingungsloser Liebe – und warum ist bedingungslose Liebe der Schlüssel zur Überwindung der Erfolgsmagersucht? Beginnen wir damit, wie bedingende Liebe aussieht. Bedingende Liebe hört sich etwa so an: „Wenn du so auftrittst, wie ich es von dir erwarte, wenn du das tust, was ich dir sage, und mir und anderen gegenüber funktionierst, dann liebe ich dich." Kommt das irgendjemandem bekannt vor?

Wenn bedingende Liebe so ausschaut, lässt sich unschwer folgern, dass bedingungslose Liebe das genaue Gegenteil davon ist. Bedingungslose Liebe hört sich etwa so an: „Ich liebe dich, ganz egal, was du tust und wer du bist. Ob du funktionierst, tolle Noten bekommst oder so auftrittst, wie ich es will oder von dir erwarte, egal, ich werde dich auf jeden Fall lieben."

Einige von Ihnen denken jetzt vielleicht: „Nun ja, Noah, ist das nicht eine sehr permissive Einstellung? Wollen Sie etwa sagen, dass wir die Leute tun und lassen sollen, was sie nur wollen?"

Überhaupt nicht. Ich sage nicht, dass wir nachgiebig sein sollten und jeden einfach alles tun lassen sollten, was er will. Lassen Sie mich dies an einem Beispiel aufzeigen. Ich besuchte kürzlich eines der landesweit bekanntesten Colleges der freien Künste, um meinen Bachelor-Abschluss zu machen. (Nach einer zehnjährigen

Berufstätigkeit studierte ich nun noch einmal, mit dem Unterschied gegenüber meinen Kommilitonen, zehn Jahre älter als die meisten zu sein!)

Während meines Studiums fiel mir etwas Faszinierendes (und ziemlich Nervtötendes) an vielen meiner Kommilitonen auf. Sie waren von „Kindern der sechziger Jahre" erzogen worden, das heißt, ihre Eltern waren in einer Zeit des Widerstands und der Rebellion erwachsen geworden, als viele Regeln des sozialen Umgangs nur noch wenig galten.

Mir fiel auf, dass viele meiner Kommilitonen anscheinend in einer Umgebung groß geworden waren, deren Philosophie sich im Wesentlichen in folgender Aussage zusammenfassen lässt: „Was immer du auch tust, soll mir recht sein."

Auf den ersten Blick hört sich das vielleicht toll an; welches Kind wird schließlich gern bestraft oder lässt sich gern vorschreiben, nach welchen Regeln es zu leben hat? Allerdings ergibt es bei dieser Art von Denken ein Problem: Wenn Kinder ohne Grenzen oder Richtlinien aufwachsen, wenn sie lernen, dass alles, was sie tun, in Ordnung ist, lernen sie, dass ihre Handlungen folgenlos sind. Das bedeutet, dass diese Kinder zu Erwachsenen heranwachsen, die glauben: „Ich kann machen, was ich auch will, und das ist schon in Ordnung."

Spielen wir diese Überzeugung bis zu ihrem logischen Ende durch. Wenn ich so erzogen worden wäre, würde ich Dinge glauben wie: Wenn ich jemandem etwas wegnehmen möchte, kann ich einfach in sein Haus gehen und es mir schnappen, ja? Was, wenn ich Rauschgift verkaufen wollte? Kein Problem, oder? Was, wenn man Unschuldige verletzen oder töten wollte?

Erkennen Sie das Problem? Das Problem ist, dass jede Gesellschaft aus einem bestimmten Grund ihre Daseinsberechtigung hat, auch wenn uns nicht alles an der Gesellschaft, in der wir leben, gefällt. Die menschliche Gesellschaft entwickelte sich, damit die Menschen sowohl einzeln wie als Gruppe existieren können. Wir mögen beklagen, dass die Gesellschaft uns ungerechte Forderungen auferlegt, und vielleicht trifft das auch zu. Dennoch bleibt die Tatsache bestehen, dass ohne diese Sache, die wir „Gesellschaft" nennen, die meisten von uns nicht sehr lange überleben könnten.

Der Kernpunkt hierbei ist, dass unsere Taten Konsequenzen nach sich ziehen, auch wenn wir die Konsequenzen unserer heutigen Taten vielleicht wochen-, monate-, selbst jahre- oder jahrzehntelang nicht spüren. (Das Wort „Konsequenz“ bedeutet dem Wortsinn nach „kurz darauf folgen“.)

Wenn wir über bedingungslose Liebe sprechen, müssen wir deshalb unbedingt wissen, was wir nicht damit meinen. Wir reden nicht davon, dass wir andere alles tun lassen, was zum Teufel ihnen auch in den Sinn kommt! Wir reden nicht über Schrankenlosigkeit. Wir reden nicht davon, dass wir uns von anderen überrennen und uns von ihnen alles, was ihnen in den Sinn kommt, sagen lassen. Worüber wir reden, ist genau das Gegenteil dessen.

Achten Sie wiederum darauf, was bedingungslose Liebe ist. Bedingungslose Liebe steht für: „Ich werde dich lieben, egal was ist.“ Sie steht *nicht* für: „Alles, was du machst, ist in Ordnung.“ Darf ich Sie etwas fragen: „Wäre es für Sie in Ordnung, wenn Ihr Kind einem Ihrer Nachbarn etwas stehlen würde? Wäre es Ihnen Recht, wenn Ihr Chef oder Angestellter in der Firma Unterschlagungen beginge? Fänden Sie es in Ordnung, wenn Ihre Kunden oder Lieferanten Sie übers Ohr hauen würden? Es sollte Ihnen verdammt noch mal nicht Recht sein.

Wenn all dies nicht in Ordnung ist, was dann? Wo fangen wir an? Wiederum ganz am Anfang. Es gibt einen wesentlichen Unterschied zwischen „Ich werde dich lieben, egal was ist“ und „Alles, was du machst, ist in Ordnung“ (was heißt, du kannst machen, was immer du willst, und deinen Handlungen werden keine Konsequenzen folgen). Sehen Sie den Unterschied?

Menschen, die mit der Botschaft groß wurden „Alles, was du machst, ist in Ordnung“, haben es im Leben tatsächlich sehr schwer, weil dieser Satz von Grund auf falsch ist und überhaupt nicht dem entspricht, wie das Leben in Wirklichkeit funktioniert. Leute, die sich so verhalten, empfinden sich bezeichnenderweise von der Gesellschaft ausgeschlossen und wundern sich dann, weshalb.

Können Sie aber erkennen, wie Menschen, denen von ihren Eltern und Respektspersonen die andere Botschaft „Ich werde dich lieben, egal was ist“ vermittelt wird, buchstäblich die Kraft erwächst, Berge zu versetzen?

Folgendes Beispiel veranschaulicht dies. Als Tiger Woods als Zweitklässler an seinem ersten Golfturnier – einem internationalen Turnier für den Golfernachwuchs – teilnahm, war die Luft mit

Spannung erfüllt. Die kleinen Jungs wollten gut abschneiden, um ihren Eltern und der Zuschauermenge zu gefallen. Kurz bevor das Turnier losgehen sollte, ging Tigers Vater zu ihm und sagte: „Mein Sohn, du sollst wissen, dass ich dich liebe, ganz egal, wie du abschneidest. Amüsier dich gut."

Tiger ging zur ersten Abschlagstelle, schmetterte seinen Ball die halbe Strecke zwischen der Marke und dem Grün hinunter und gewann schließlich das Turnier. Nachher fragte ihn sein Vater, was er bei seinem ersten Schlag gedacht habe. Tiger blickte zu seinem Vater hinauf und meinte: „Wohin ich meinen Ball schlagen wollte, Daddy."[2]

Wie viele der anderen Jungen waren Ihrer Meinung nach wohl fähig, sich darauf zu konzentrieren, wohin sie ihren Ball schlagen wollten, statt zu grübeln: „Hoffentlich baue ich keinen Mist ..." „Hoffentlich kriege ich es hin ..." „Was, wenn ich einen Fehler mache ...?" Als Tigers Vater seinem Sohn vermittelte, dass er ihn unabhängig vom Turnierausgang liebt, befreite diese simple Tat Tiger von den Sorgen, ob sein Vater ihn weniger lieben würde, wenn er das Turnier verlieren würde. Folgerichtig konnte er unbefangen sein Bestes geben – und gewann das Turnier.

Wie viele andere Jungen und Mädchen (oder schließlich Männer und Frauen) würden alles nur Erdenkliche tun, um von ihren Eltern die Worte zu hören, die Tigers Vater seinem Sohn sagte?

Erkennen Sie jetzt allmählich, warum bedingungslose Liebe so wichtig beim Überwinden der Erfolgsmagersucht ist? Erkennen Sie auch, dass ihr Fehlen der Hauptgrund dafür ist, dass jemand überhaupt Erfolgsmagersucht bekommt?

Vielleicht denken Sie: „Aber, Noah, wie soll ich bedingungslose Liebe oder Unterstützung erkennen, wenn ich sie nie erfahren habe? Wie werde ich wissen, wann und ob sie nicht da ist? Wie soll ich sie bekommen oder Menschen finden, die mich bedingungslos lieben und unterstützen können?" Gut, dass Sie fragen.

Es gibt eine alte Geschichte über einen Mann, der Michelangelo fragte, wie er seine meisterhafte Skulptur des David schuf. Michelangelo erwiderte: „Ich beginne mit einem Marmorblock und meißle alles weg, was nicht David ist." Das ist die beste Be-

---

[2] Sports Illustrated, Tiger Woods: The Making of a Champion, Bishop Books, New York, 1996, S. 37–38.

schreibung, die ich je darüber gehört habe, wie man bedingungslose Liebe in seinem Leben erkennen und annehmen kann.

Um eine Umgebung bedingungsloser Liebe und Unterstützung in unserem Leben zu erkennen und zu schaffen, müssen wir zuerst einmal erkennen, was bedingungslose Liebe nicht ist. Anders ausgedrückt, wenn wir in unserem Leben nicht viel bedingungslose Liebe erfahren haben, müssen wir einfach da anfangen, wo wir stehen, und die ersten Schritte in die Richtung unternehmen, in die wir gehen wollen.

Gehen wir die ersten Schritte gemeinsam. Holen Sie bitte Ihr Erfolgserlaubnis-Tagebuch hervor und vervollständigen Sie diese Sätze. Überarbeiten Sie sie nicht. Denken Sie nicht darüber nach. Überprüfen Sie sie nicht auf Rechtschreibfehler. Beenden Sie einfach diese Sätze. Ich bin da, wenn Sie fertig sind.

1. In meiner Familie bedeutete Liebe ...
2. In meiner Kindheit und Jugend bedeutete Liebe ...
3. Liebe heißt für mich ...
4. Mir wurde beigebracht, Liebe bedeute ...
5. Die Liebe, die mir gezeigt wurde, war ...
6. Ich bekam Liebe, wenn ich ...
7. Ich bekam keine Liebe, wenn ich ...
8. Ich wurde bestraft, wenn ich ...
9. Ich brauchte es, geliebt zu werden, wenn ich ...
10. Ich wünschte, ich wäre geliebt worden, wenn/als ich ...
11. Ich brauchte die Unterstützung meiner Eltern, wenn/als ich ...
12. Ich brauche die Unterstützung anderer bei ...
13. Wenn ich Liebe spüre, dann ... ich ...
14. Wenn ich unterstützt werde, kann ich ...
15. Wenn ich spüre, dass die Liebe auf meiner Leistung beruht, dann ...

(Als ich sagte: „Holen Sie bitte Ihr Tagebuch hervor und vervollständigen Sie diese Sätze“, habe ich es auch so gemeint. Wenn Sie diese Sätze lediglich lesen und die Übung nicht machen, entgeht Ihnen der ganze Nutzen und Wert dieser Übung. Führen Sie sie aus. Sie werden es mir später danken.)

Ich weiß, dass es nicht leicht ist, sich mit einigen dieser Punkte auseinander zu setzen. Und zwar deshalb, weil die meisten von uns dazu neigen, das, was uns geschah, herunterzuspielen. Wir reden uns Dinge ein wie: „Es hat mir nicht wirklich so viel ausgemacht“ oder „Das ist doch halb so wild“. Paradoxerweise neigen wir auch dazu, bestimmte Dinge unverhältnismäßig aufzublasen, indem wir uns Sachen einreden wie „Ich lasse nie wieder jemanden so nahe an mich heran“ oder „Man hat mich so verletzt, ich kann nie mehr jemandem vertrauen“ oder „Niemand wird mich je wieder lieben können.“

Bedingungen zu erkennen, unter welchen wir geliebt wurden und wie man von uns Funktionieren oder Anpassung erwartete, damit man uns liebte, kann schmerzvoll sein. Das leugne ich nicht. Aus diesem Grund nehmen viele von uns ihre Kindheitserfahrungen nie zu genau unter die Lupe – oder kommen, in manchen Fällen, nie darüber hinweg.

In Ordnung. Das haben wir erledigt. Was machen wir jetzt? Werfen Sie einen Blick auf Ihre Liste. Was verrät sie Ihnen? Erkennen Sie ein Muster? Was erwartete man von Ihnen? Wann bekamen Sie die Liebe und Unterstützung, die Sie brauchten? Was fällt Ihnen diesbezüglich in Ihrem heutigen Leben auf?

Ich merkte zum Beispiel bereits in meiner frühen Kindheit, dass meine Mutter sich nicht von meinem Vater emotional unterstützt fühlte. Ich kann nicht erklären, wieso ich dies wusste; ich spürte es einfach auf Grund der emotionalen und seelischen Informationen, die ich zu dieser Zeit „empfangen“ konnte. Mein Vater hatte es nicht gelernt – und er verfügte auch nicht über die Fähigkeiten –, meiner Mutter die emotionale Unterstützung zu geben, die sie als eine moderne Frau brauchte und sich ersehnte. Da ich meine Mutter glücklich machen wollte, versuchte ich die Leere auszufüllen, die durch die berufsbedingte häufige Abwesenheit meines Vaters entstand, indem ich sie emotional unterstützte. Ich fühlte mich gebraucht und geschätzt, wenn ich meiner Mutter beistand und meine emotionalen Bedürfnisse den ihren unterordnete.

Sie können erraten, dass diese Gewohnheit auch andauerte, als ich älter wurde, weil ich mich sehr daran gewöhnte, meine eigenen emotionalen, körperlichen und seelischen Bedürfnisse hintanzustellen – aus Rücksicht auf meine Partnerin. Ein Psychologe würde dies vielleicht als Beispiel dafür bezeichnen, wie ein „gestörtes Familiensystem“ einen im späteren Leben beeinträchtigt.

Ich kann diese Feststellung zwar nicht widerlegen, doch es stellt sich die Frage: Wie viele heile, funktionierende Familien kennen Sie? Offen gestanden muss ich dem Menschen erst noch begegnen, der in einem meiner Seminare auf mich zukommt und sagt: „Wissen Sie was, Noah! Meine Eltern waren vollkommen und haben alles richtig gemacht!"

Der springende Punkt ist: Ich könnte das, was in meiner Familie abgelaufen ist, betrachten und sagen: „Junge, das war wirklich unfair von meinen Eltern und meiner Familie, solche Forderungen an mich zu stellen. Warum haben sie mich nicht einfach so geliebt, wie ich war?" Das stimmt: es war nicht fair. Allerdings stimmt es auch, dass das Leben eben manchmal nicht fair ist. Nicht nur das, es ist auch wahr, dass meine Eltern mit ihren begrenzten Mitteln und ihrem begrenzten Wissen ihr Bestes gaben. Damit erhebt sich die Frage: Sind meine Eltern in einer Umgebung bedingungsloser Liebe und Unterstützung aufgewachsen?

Offensichtlich wurden weder mein Vater noch meine Mutter in einer Umgebung bedingungsloser Liebe und Unterstützung groß gezogen. Im Fall meiner Eltern war die Umgebung, in der sie heranwuchsen, viel, viel härter und unversöhnlicher als die, in der ich aufwuchs. Es liegt auch auf der Hand, dass Menschen in ihrem Leben nicht etwas zeigen können, von dem sie nicht wissen, wie man es tut. Meine Eltern „enthielten" mir nicht absichtlich etwas vor, das sie überhaupt nicht hatten.

Es klingt wie ein Klischee zu sagen „Sie haben ihr Bestes getan". Genau dies ist jedoch der Fall. Deshalb könnte ich jetzt diese Information nehmen und sagen: „Nun gut, ich vermute, so läuft es nun einmal. Weil mich meine Eltern nicht bedingungslos liebten, heißt das nun meines Erachtens, dass niemand mich je bedingungslos lieben oder unterstützen können wird, und ich muss eben mein Leben lang ohne Liebe und Unterstützung auskommen."

Auf keinen Fall gebe ich mich damit zufrieden! Und Sie sollten es auch nicht.

Lassen Sie es mich so formulieren: Sind Ihre Eltern die einzigen Menschen auf der Welt, die Sie lieben können? Ist Ihr Ehepartner oder sind Ihre Kinder die einzigen Menschen, von denen Sie Liebe und Unterstützung bekommen können? Wenn Sie dies glauben, dann wird diese Aussage dadurch wahr. Allerdings stelle ich diese Annahme in Frage, weil es einfach nicht stimmt, dass unsere Verwandten die einzigen Menschen sind, die uns bedingungslos lieben und unterstützen können. Tatsächlich liegt es ziemlich auf der Hand, dass unsere Verwandten oft diejenigen sind, die die meisten Probleme haben, uns bedingungslos zu lieben und zu unterstützen!

Ehe wir weitergehen, überprüfen wir die Realität: Niemand wird Sie auf genau die Art, die Sie sich wünschen, immer und zu jeder Zeit vollkommen und bedingungslos unterstützen oder lieben. Die Erwartung, dass jemand, irgendjemand immer und zu jeder Zeit für uns da ist, egal, wie sehr er uns liebt, und immer genau das sagt, was wir hören wollen oder zu hören nötig haben – kurz gesagt, dass er uns vollkommen und bedingungslos liebt –, setzt uns einer großen Enttäuschung und der Desillusionierung aus.

Die Erwartung, dass andere uns immer und zu jeder Zeit genauso lieben, wie wir es uns wünschen, ist genauso lächerlich, wie die Erwartung der anderen lächerlich ist, dass wir immer und zu jeder Zeit genauso auftreten, wie sie es wollen. Erstaunlicherweise werden wir in dem Moment, in dem wir uns von dem Glauben befreien, dass sich jemand ändern müsse, damit wir glücklich seien, umso glücklicher, weil wir dann anfangen, die Wirklichkeit zu akzeptieren, und aufhören, Dinge steuern zu wollen, die wir nicht steuern können.

Darf ich Ihnen eine Frage stellen: Haben Sie jemals versucht, andere dazu zu bewegen, sich zu ändern, indem Sie dies von Ihnen verlangten? Was passierte? Die meisten von uns haben aus schmerzvoller Erfahrung gelernt, dass wir niemanden durch die Forderung, dass er sich ändern soll, um *unseren* Bedürfnissen oder Wünschen zu entsprechen, zu einer Veränderung veranlassen können! Menschliche Wesen ändern sich nur aus einem einzigen Grund: weil es *ihnen* passt.

Deshalb besteht zwangsläufig der Schlüssel zum Akzeptieren bedingungsloser Unterstützung und dazu, sich mit Liebenden Spiegeln zu umgeben – Menschen, die Sie exakt widerspiegeln (also Menschen, die Ihr Authentisches Selbst sehen können) – darin, selbst für sich und andere einen Liebenden Spiegel zu verkörpern. Blicken Sie in Ihr Herz und vervollständigen Sie die folgenden Sätze:

1. Bedingungslose Liebe bedeutet für mich ...
2. Wenn jemand mich bedingungslos unterstützen würde, hieße das ...
3. Wenn jemand mich bedingungslos liebt, dann mache ich Folgendes: ...
4. Wenn jemand auf genau die von mir gewünschte Art auftreten sollte, möchte ich ...
5. Dann wäre ich vielleicht fähig zu ...
6. Dann hätte ich den Mut zu ...
7. Wenn ich das täte, dann würde ich ...
8. Die Menschen in meinem Leben, die mich unterstützen, sind ...
9. Wenn ich jemanden haben könnte, der mich bedingungslos unterstützt, dann würde ich ...
10. Sie würden mir helfen bei ...
11. Und dann würde ich lernen ...
12. Ich kann dies tun, weil ...
13. Ich kann dies geschehen lassen, weil ...

Ich kann Sie gar nicht inständig genug bitten, sich die Zeit zum Ausfüllen der zwei einfachen Übungen in diesem Kapitel, bei denen es um das Vervollständigen von Sätzen geht, zu nehmen. Lesen Sie dieses Kapitel, falls nötig, noch einmal durch. Bitte suchen Sie um Ihretwillen und der Menschen willen, denen Sie am Herzen liegen, nach Antworten auf diese lebenswichtigen Punkte der Selbstprüfung.

Vergessen Sie nicht, die Rolle des Ratgebers, Therapeuten, Partners, von Eltern, Geschwistern und Freunden besteht darin, einen Liebenden Spiegel darzustellen. Ein solcher Spiegel fügt dem, was er widerspiegelt, nichts hinzu, noch lässt er etwas weg. Andere vertreten ihren Standpunkt, und die meisten Menschen werden ihn Ihnen nur allzu gern mitteilen, ob Sie sie darum bitten oder nicht. Allein die Tatsache, dass jemand Ihnen seine Meinung kundtut, verpflichtet Sie jedoch zu nichts.

Wenn wir zu akzeptieren beginnen, dass derjenige, den wir verkörpern, unser Authentisches Selbst ist und nicht unser Negatives Spiegelbild, wird etwas Verblüffendes passieren. Wie durch ein Wunder werden sich die Leute um uns herum verändern. Was einmal in Ordnung und annehmbar war, etwa unangenehme und rücksichtslose Leute um sich zu haben, wird für Sie nicht mehr akzeptabel sein. Was vorher undenkbar erschien – Leute in Ihrem Leben zu haben, die Sie bedingungslos lieben und unterstützen –, wird der Normalfall werden.

Ich ermutige Sie, sich daran zu erinnern, wer Sie wirklich sind. Vergessen Sie nicht, wir Menschen können uns nie so sehen, wie wir wirklich sind, oder unseren wahren Wert im Leben ganz verstehen, außer widergespiegelt in den Augen anderer. Wenn Sie sich mit Liebenden Spiegeln umgeben, wird die Welt zur Reflexion Ihres wahren Ich und Sie werden erkennen, dass dies ein schöner Anblick ist.

Was ist der zweite Schritt bei der Überwindung der Erfolgsmagersucht?

Kapitel 10

Der zweite Schritt: Seien Sie gewillt, das zu bekommen, was Sie wollen

Dieser Schritt beschreibt, weshalb Erfolgsmagersüchtige nicht erfolgreich sein können oder sich dies nicht gestatten: Sie sind buchstäblich auf Grund der gegenwärtigen Herrschaft des Negativen Spiegelbildes über Ihr Authentisches Selbst nicht willens, Erfolg zu haben. Das Negative Spiegelbild redet dem Opfer Lügen ein, wie „Alle wären umso viel glücklicher, wenn du nicht da wärst ... Du bist so egoistisch ... Du denkst bloß an dich“ usw. Wenn wir diesen Botschaften Glauben schenken, ist es uns praktisch unmöglich, Erfolg auch nur haben zu wollen, geschweige denn, die Früchte unserer Anstrengungen zu genießen.

Stellen Sie sich vor, jemand würde Ihnen ständig über die Schulter schauen, jede Bewegung von Ihnen analysieren, kritisieren und abtun. Stellen Sie sich vor, diese Person würde Sie „egoistisch“ und „selbstversunken“ nennen, wenn Sie Schritte unternähmen, um das, was Sie wollen, zu bekommen. Würden Sie nicht so ziemlich alles versuchen, um diese Person zu meiden?

Genau das machen Erfolgsmagersüchtige. Sie versuchen unbewusst, das Negative Spiegelbild auszuschalten oder zu besänftigen, indem sie sicher gehen, dass sie nie Erfolg haben, weil dadurch ihrer Meinung nach das pausenlose Sperrfeuer der Kritik aufhören müsste. Natürlich wird dadurch das Negative Spiegelbild vorübergehend vielleicht befriedigt, aber dafür muss das Opfer einen hohen Preis bezahlen.

Der wahre Grund, dass Menschen sich in puncto Erfolg, Nahrung, Geld oder anderen Dingen im Leben aushungern, ist die Vermutung, das dies das Negative Spiegelbild ausschaltet oder besänftigt. Diese Menschen glauben dem Negativen Spiegelbild, wenn es ihnen Dinge sagt wie „Wie konntest du nur so egoistisch sein ... Weißt du denn nicht, dass in Afrika Kinder verhungern ...?“

Wegen ihres fürsorglichen und hoch sensiblen Wesens wollen Erfolgsmagersüchtige aufrichtig den verhungernden Kindern in Afrika helfen. Sie glauben, sie könnten wirklich die Welt retten, wenn sie es nur intensiv genug versuchten. Sie erkennen nicht, dass es für einen Menschen weder möglich noch nötig ist, die Welt zu retten. Das Negative Spiegelbild stellt sicher, dass die darunter Leidenden sich dessen unbewusst bleiben, indem es sie in einer Welt der Subjektivität und intensiven Selbstanalyse isoliert hält.

Um diesen Zustand umzukehren, muss man deshalb die Bereitschaft zum Erfolg entwickeln. Dafür bietet sich ein Vergleich mit Leuten mit einer Essstörung an. An einer Essstörung Leidende brauchen nicht zu lernen, wie man isst. Sie wissen nur zu gut, dass man zur Nahrungsaufnahme einen Löffel voll Essen nehmen, ihn zum Mund führen, das Aufgenommene kauen und schlucken muss.

Ähnlich wissen auch diejenigen, die mit einer Erfolgsstörung zu kämpfen haben, wie man Erfolg hat. Sie haben sich alle möglichen Cassetten angehört, Seminare besucht und Bücher dazu gelesen. Sie ertrinken in einem Meer von solch einschlägigen Informationen. Dennoch sind sie nicht in der Lage, diese anzuwenden, weil ihnen niemand jemals den Grund für ihre Erfolglosigkeit genannt und gesagt hat, dass sie erfolgreich sein dürfen.

Dieses Verhalten verläuft analog zu dem von Menschen mit Essstörungen. An Essstörungen leidende Personen umgeben sich mit Kochbüchern und Nahrungsmitteln, aber sie erlauben sich nie, richtig zu essen. Magersüchtige kratzen oft die Krümel von einem fast leeren Teller oder nehmen nur Reste zu sich.

Obwohl diese Verhaltensweisen eindeutig ein Grund zur Beunruhigung sind, verfahren die Betroffenen so, weil sie das glauben, was ihnen das Negative Spiegelbild mitteilt – dass sie nur Krümel, Reste oder Müll wert sind. Den daran Leidenden bleibt keine andere Wahl, als dieser Stimme zu lauschen, wenn sie keine anderen sinnlichen Informationen oder Daten zu hören bekommen, die dies widerlegen (anders ausgedrückt, wenn ihnen niemand sagt, dass sie mehr wert sind als Krümel).

Sie wären verblüfft, wie viele Leute glauben, dass sie nur Krümel verdienen.

Nach meiner Entdeckung der Erfolgsmagersucht erkannte ich, dass das „Essen der Erfolgskrümel" eine vollkommene Analogie zu dem darstellt, was die Opfer einer Erfolgsstörung sich selbst antun. Sie sind umgeben von Literatur über persönliche Weiterentwicklung und Selbsthilfe, aber sie sind nicht willens oder nicht fähig, diese anzuwenden, um sich tatsächlich ein besseres Leben zu verschaffen. Um bei dem angesprochenen Vergleich zu bleiben, sie gestehen sich nur die Krümel und Reste (oder gar den Müll) des Erfolges zu.

Der Schmerz, den die an einer Erfolgsstörung Leidenden empfinden, wenn sie wissen, wie man erfolgreich ist, aber dies nicht sein können, lässt sich nur schwer beschreiben. Die Situation stellt sich noch schmerzlicher dar, wenn wir erkennen, dass dieser Zustand in der traditionellen Erfolgsliteratur niemals beschrieben wurde. Dadurch kommen sich die Betroffenen nicht nur wie Versager vor, sondern glauben, sie seien die Einzigen auf der Welt, die sich so fühlen.

Als ich diesen Aspekt des Zustandes identifizierte, erkannte ich, dass Erfolgsmagersüchtige nicht mehr Informationen darüber brauchen, wie sie das von ihnen Gewünschte bekommen, weil die davon Betroffenen bereits wissen, wie sie bekommen, was sie wollen (wie ein Magersüchtiger bereits weiß, wie man isst). Ich erkannte, dass der Schlüssel darin besteht, dass die Betroffenen unbedingt *willens* werden müssen, das zu bekommen, was sie wollen.

Dies klingt beinahe absurd. Wie könnte jemand nicht willens sein, das zu bekommen, was er sich wünscht? Wie in diesem Buch mehrfach angeführt, ergibt es keinen logischen Sinn – aber wir dürfen nicht vergessen, dass hier von Menschen die Rede ist, deren Handeln nicht immer einen logischen Sinn ergibt.

Ich möchte Ihnen dies an einem Beispiel veranschaulichen. Ich wuchs in einer Familie der unteren Mittelschicht auf, und obgleich wir nie eine Mahlzeit ausließen, so waren wir doch oft nicht sicher, ob auch tatsächlich genug Essen auf dem Tisch stehen würde. Das Geld war knapp, obwohl mein Vater sehr hart arbeitete.

Freunde unserer Familie besaßen ein Geschenkartikelgeschäft in der Stadt. Ich ging öfter in ihren Laden und schaute mir sehnsüchtig ein waschbärähnliches Kuscheltier an. Es war weich und flauschig, und wenn ich es im Arm hielt, stellte ich mir meine Glückseligkeit vor, wenn ich dieses kleine Tier besäße. Dann schaute ich auf das Preisschild: 50 Dollar. Ich erinnere mich, wie ich dachte, dass das viel mehr Geld war, als meine Eltern je für mich ausgeben könnten. Und so stellte ich den kleinen Waschbären seufzend wieder ins Regal zurück.

Kurz vor Weihnachten desselben Jahres klärte mich mein Vater darüber auf, dass es gar keinen Weihnachtsmann gibt. (Junge, Junge, was weinte ich, als ich das hörte: Meine letzte Hoffnung war dahin!, dachte ich.) Am Weihnachtsmorgen kam ich schweren Herzens zur Bescherung. Aber was fand ich wohl in einer der Schachteln vor? Ich schaute ungläubig, als ich das kleine Kuscheltier in Händen hielt. Irgendwie hatten meine Eltern einen Weg gefunden, es mir zu kaufen!

Man würde jetzt vielleicht denken, dass ich überglücklich, völlig aus dem Häuschen oder zumindest aufgeregt war. Aber das war ich nicht. Ich empfand nicht etwa Freude, sondern Schuld, Traurigkeit und Bedauern – weil ich wusste, dass mir nicht der Weihnachtsmann das Geschenk gebracht hatte, sondern meine Eltern, die (so glaubte ich) ihr bisschen Geld nicht für mich auf den Putz hauen sollten.

Ich gebe keinesfalls meinen Eltern die Schuld für meine Gefühle an jenem Tag. Mit dieser Geschichte will ich Ihnen vielmehr Folgendes aufzeigen: Wenn Sie die Erfahrung machten, dass es Ihnen Schmerz (in Form von Schuldgefühlen oder Traurigkeit) verursachte, das zu bekommen, was Sie wollten (in diesem Fall ein Kuscheltier), glauben Sie dann, dass Sie motiviert sein werden, es zu bekommen? Mit Sicherheit nicht. Wir haben gesehen, dass Schmerzvermeidung das vordringliche Bestreben des Menschen ist. Deshalb ist der zweite Schritt zur Überwindung der Erfolgsmagersucht der, dass Sie willens werden müssen, das, was Sie sich wünschen, tatsächlich zu bekommen, und lernen müssen, dass es nicht schmerzvoll sein muss (weder für Sie noch für andere), das Gewünschte zu erhalten.

Ich möchte, dass Sie einen Augenblick lang über den Unterschied nachdenken, das Gewünschte zu wollen und das Gewünschte tatsächlich zu bekommen. Seien wir ehrlich. Ist es nicht wirklich leichter, das Gewünschte zu wollen, als das Gewünschte tatsächlich zu bekommen? Die meisten Leute sagen: „Ich möchte im Lotto gewinnen ... Ich möchte mich mehr amüsieren ... ich möchte mehr Zeit für meine Familie haben ... Ich möchte woanders sein ...". Doch wie viele von uns wagen sich tatsächlich an die Realisierung ihrer Wünsche heran?

Die meisten Leute beklagen sich lieber darüber, was in ihrem Leben falsch läuft, statt etwas zu unternehmen, um dies zu ändern. Und zwar aus dem Grund, weil wir Menschen nichts mehr fürchten als Veränderung. In der Tat ist Veränderung buchstäblich das Einzige, was wir fürchten können. (Siehe auch Kapitel 16.) Paradoxerweise ist das Einzige, was wir Menschen uns wünschen können, ebenfalls Veränderung, weil der Wunsch nach etwas notwendigerweise die Veränderung eines gegenwärtigen Mangels daran in unserem Leben bedeutet. Nehmen wir beispielsweise mal an, Sie wünschen sich mehr Geld, ein neues Auto, ein schöneres Zuhause, hübsche Klamotten, uneingeschränkte Gesundheit, bessere Beziehungen in Ihrem Leben. Wovon handeln all diese Beispiele? Von *Veränderung.*

Deshalb sollten Sie erkennen, dass das, was Sie fürchten, und das, was Sie wollen, genau dasselbe ist. Es ist völlig natürlich, wenn Sie Angst empfinden angesichts der Aussicht, das, was Sie wirklich wollen, tatsächlich zu bekommen. Alles, was notwendig ist, wenn Sie das Gewünschte wirklich bekommen wollen (statt es lediglich zu wollen), ist, dass Sie wirklich willens werden, es zu erhalten.

Es folgen die drei Schritte, wie man willens wird, das, was man will, tatsächlich zu bekommen.

1. Entdecken Sie Ihre wahren Sehnsüchte

Das englische Wort für Sehnsucht, *desire,* stammt aus dem Lateinischen und bedeutet „vom Herrn". Viele Leute glauben, ihre Sehnsüchte seien schlecht oder falsch. Manche meinen gar, es sei falsch, überhaupt Sehnsüchte zu hegen! Ob es uns nun aber gefällt oder nicht, es bleibt die Tatsache bestehen, dass alles, was wir Menschen tun, im Grunde von irgendeiner Sehnsucht motiviert ist. Erinnern Sie sich an William James' Feststellung, dass wir von unserer leidenschaftlichen, nicht unserer logischen Natur gesteuert werden? Was ist unsere leidenschaftliche Natur, wenn nicht Sehnsucht? Wenn Sie eine noch ältere Quelle zu Rate ziehen möchten, denken Sie an eine Weisheit aus dem Veda, einer hinduistischen Schöpfungsgeschichte, die mehr als 5000 Jahre zurückreicht: „Sehnsucht erhob sich aus dem Einen am Anfang, Sehnsucht war der erste Samen des Geistes."

Sie müssen nicht wie Millionen anderer Menschen glauben, dass ihre Sehnsüchte schlecht, falsch oder unmoralisch sind. Alles, auf das Sie im Leben stoßen, hat seine Ursprünge in einer Sehnsucht. Nichts auf der Erde existiert, das nicht einer Sehnsucht und durch sie entsprang.

Um Ihren Sehnsüchten zu erlauben, sich zu manifestieren, müssen Sie jedoch erst einmal herausfinden, was diese überhaupt sind. Sie können damit anfangen, indem Sie diese Sätze in Ihrem Erfolgserlaubnis-Tagebuch vervollständigen:

1. Was ich liebend gern täte, ist, ..., weil ...
2. Was ich liebend gern lernen würde, ist ..., weil ...
3. Ich wollte immer ..., weil ...
4. Ich brauche ..., weil ...
5. Ich möchte ... haben, weil ...
6. Ich hätte liebend gerne ..., weil ...
7. Ich zöge es vor, ... zu haben, weil ...
8. Wenn ich jegliches, was ich wollte, haben könnte, wäre es ..., weil ...
9. Und ich möchte es bis zum ... haben, weil ...

Wenn Sie das, was Sie wollen, tatsächlich gern bekommen möchten, müssen Sie dem Universum mitteilen, was Sie wollen, bis wann und – am wichtigsten – warum. Deshalb taucht das Wort „weil" in jeder Aussage dieser Übung auf. Wenn Sie nicht die Gründe, warum Sie etwas wollen, herausfinden und angeben, werden alle „Wie" der Welt Ihnen überhaupt nichts nützen. Denken Sie daran, unser „Warum" und „Warum nicht" haben zu 90 Prozent Einfluss auf unsere Fähigkeit, etwas im Leben zu bekommen (oder nicht zu bekommen). Sie können dieses Wissen zu Ihrem Vorteil einsetzen, indem Sie sich bewusst machen, was Ihre wahren Sehnsüchte sind und warum Sie sie hegen.

Seien Sie ehrlich zu sich selbst. Sie müssen diese Liste keinem anderen zeigen. Sie dürfen sich jedoch dazu entschließen, die ganze Liste oder einen Teil davon mit einem Ihrer Liebenden

Spiegel zu teilen (deshalb wurde dieser Teil vorangestellt). Der Zweck Ihrer Liste ist einfach, dass Sie erkennen, was bereits in Ihnen liegt. Es ist bereits vorhanden; es brennt darauf, zum Vorschein zu kommen. Es ähnelt allerdings einem verängstigten Kind, das lange, lange Zeit vom Negativen Spiegelbild dominiert wurde.

Haben Sie Geduld mit sich und seien Sie sanft zu sich (zur Abwechslung mal). Dann gehen Sie weiter zum nächsten Schritt.

2. Untersuchen Sie die Vorteile und Nachteile, wenn Sie bekommen, was Sie wollen, und wenn Sie es nicht bekommen

Alles im Leben zu bekommen hat seine zwei Seiten: Vorteile, wenn Sie bekommen, was Sie wollen, und Nachteile, wenn Sie bekommen, was Sie wollen. Beispielsweise träumen die meisten Leute davon, reich und berühmt zu werden. Das kommt daher, weil wir Fernsehsendungen und Filme sehen, in denen der Lebensstil der Reichen und Berühmten viel glanzvoller und aufregender als unser eigenes eintöniges Leben erscheint. Wir denken: „Mensch, wenn ich nur das haben oder so sein könnte, dann wäre ich glücklich.“

Wir konzentrieren uns auf die Vorderseite der Medaille, weil uns diese Seite am häufigsten gezeigt wird. Selten präsentiert man uns die Kehrseite des Ruhms oder Reichtums, außer in Tragödien wie etwa dem Tod von Prinzessin Diana. Es bleibt aber die Tatsache bestehen, dass selbst die Berühmten und Reichen Probleme haben, sich Herausforderungen gegenüber sehen – genau wie alle anderen Leute.

Es liegt in der Natur des Menschen, dass ihm die Kirschen in Nachbars Garten verlockender erscheinen. Ich will nicht sagen, dass Sie nicht Wachstum oder Veränderung anstreben sollten oder dass Sie sich nicht Ruhm oder Reichtum ersehnen sollten. Ich will sagen, dass Sie für sich selbst sowohl die Vorteile wie die Nachteile dessen festlegen sollten.

Diese Übung unterscheidet sich womöglich sehr stark von allen anderen, die Sie früher gemacht haben. Die meisten von uns wurden darauf getrimmt, zu beobachten, *warum* wir das, was wir wollen, bekommen möchten. Ich schlage vor, Sie schauen sich einmal an, warum Sie das tun, was Sie gegenwärtig tun – also, sich davon abhalten, das zu bekommen, was Sie wirklich wollen –, weil ich Ihnen garantiere, dass Sie mit Sicherheit einen Grund dafür haben.

Schauen wir Folgendem doch einmal ins Auge: Sie tun das, was Sie tun, aus einem bestimmten Grund. Sie sind nicht eines Morgens aufgewacht und haben gesagt: „Hm, heute halte ich mich wohl besser davon ab, das zu bekommen, was ich wirklich will." Vielmehr haben Sie mit der Zeit gelernt, dass es Ihnen mehr Schmerzen verursachte, das zu bekommen, was Sie wollten, als es nicht zu bekommen. Weil wir biologische Organismen sind, die auf Schmerzvermeidung erpicht sind, ist es nahezu unmöglich, sich selbst willentlich in eine Lage zu versetzen, von der man glaubt, sie verursache einem mehr Schmerzen, als man gegenwärtig empfindet. Das erklärt, weshalb es vielen von uns wirklich leichter fällt, lediglich zu wollen, was wir wollen, als das Gewünschte tatsächlich zu *bekommen.*

Um Ihre „Warum" und „Warum nicht", wenn Sie bekommen, was Sie wollen (versus es nur zu wollen,) herauszufinden, vervollständigen Sie einfach die folgenden Sätze. Ihre Antworten überraschen Sie vielleicht oder schockieren Sie gar. Vervollständigen Sie jede Aussage ein-, zwei- oder sogar zehnmal, wenn nötig. Gestehen Sie sich selbst die Wahrheit ein.

1. Ich glaube, wenn ich bekomme, was ich wirklich will, verursacht mir dies Schmerzen, weil ...
2. In meiner Kindheit wurde ich bestraft für ...
3. In meiner Familie bedeutete Erfolg ...
4. In meiner Familie waren Leute mit Geld ...
5. Ich lernte, Glück bedeute ...
6. Der Preis, den ich bezahlte, wenn ich bekam, was ich wollte, war ...
7. Folgendes bekomme ich, wenn ich mich in puncto Erfolg aushungere: ...
8. Und das hilft mir, weil ...
9. Ich will nicht wirklich ... verändern.
10. Ich fühle mich sicher, wo ich bin, weil ...
11. Wenn ich mich verändere, heißt das, ich muss ...
12. Was ich wirklich tun möchte, ist ...

Denken Sie daran, es gibt für alles, was wir tun und nicht tun, einen Grund. Es gibt nichts, was Sie tun lassen, was nicht einen Grund hätte. Der Schlüssel zur Veränderung besteht darin, unsere wirklichen Gründe aufzudecken – nicht etwa darin, was unser logischer Verstand uns sagt, was wir tun sollen oder müssen.

3. Entscheiden Sie, ob Sie willens sind, weiterhin den Preis dafür zu bezahlen, nicht das zu bekommen, was Sie wirklich wollen

Dieser letzte Schritt ist in gewisser Weise der einfachste und andererseits der schwierigste. Er ist am einfachsten, weil er Ihnen lediglich eine Entscheidung abverlangt. Sie müssen nicht genau wissen, was es ist, was Sie wollen; Sie müssen nicht wissen, wie Sie es bekommen. Hier geht es lediglich um die Antwort auf die Frage: Sind Sie willens, das zu bekommen, was Sie wirklich wollen?

Ironischerweise ist dieser Schritt zugleich der schwierigste, weil er von Ihnen eben eine Entscheidungsfindung erfordert. Nur Sie können entscheiden: Sind Sie willens, das, was Sie momentan tun, zu verändern? Sind Sie willens, neue Gewohnheiten in Ihrem Leben zu entwickeln? Sind Sie willens, sich selbst solche Fragen zu stellen, damit Sie dorthin gehen können, wohin Sie im Leben wirklich gehen wollen? Wenn Sie nicht glauben, dass genügend Gründe dafür sprechen, sollten Sie mittlerweile erkennen können, dass, ganz egal, wie viele „Wie man Erfolg hat" Ihnen auch in den Sinn kommen, Sie nicht das tun werden, was nötig ist, um sich erlauben zu können, das zu bekommen, was Sie wollen.

Vergessen Sie nicht, in diesem Schritt sprechen wir nur vom Willen, das zu bekommen, was Sie wollen. Wir reden nicht über Wege, Mittel oder Methoden dazu. Dafür gibt es all diese anderen Bücher der Erfolgsliteratur. Ich habe Ihnen Folgendes dargelegt: Wenn Sie nicht willens sind, diese Informationen anzuwenden, werden Sie nicht fähig sein, wahren, dauerhaften, befriedigenden Erfolg im Leben zu erzielen, ganz egal, wie gescheit, begabt oder fähig Sie sind.

Leben ist einfach Liebe und Gesetz. Das Leben will nicht, dass Sie sich elend, erfolglos oder unglücklich fühlen. Das Leben ist tatsächlich in einem größeren Maß darauf bedacht, Ihnen das, was

Sie wollen, zu geben, als Sie darauf bedacht sind, es zu bekommen!

Weil Leben Liebe und Gesetz ist, kann es weder sein eigenes Gesetz brechen noch irgendetwas hinsichtlich unserer negativen oder schwächenden Überzeugungen tun. Wenn Sie glauben, Sie müssten unglücklich sein, dann wird dies von Gesetz wegen Ihre Erfahrung werden: Wenn Sie die Wahrheit zu akzeptieren beginnen, dass das Leben (Sie können auch sagen: Gott, eine höhere Macht, die unendliche Intelligenz) will, dass Sie glücklich sind, und dass das Leben tatsächlich darauf angewiesen ist, dass Sie Erfolg haben, dann wird dies auch auf Grund desselben Gesetzes zu Ihrer Erfahrung werden.

Die Entscheidung liegt bei Ihnen.

Von Gesetzes wegen muss das Leben uns das widerspiegeln, was wir wirklich glauben. (Glauben Sie mir, dies ist eine sehr gute Nachricht.) Von was müssen Sie überzeugt sein, um willens zu werden, das zu bekommen, was Sie wirklich wollen? Es ist sehr einfach. Hier sind alle Überzeugungen, die Sie sich anzueignen haben:

1. Ich bin genug.
2. Ich habe genug.
3. Ich habe bereits alles, was es gibt.
4. Es ist für mich in Ordnung zu empfangen.
5. Das Universum will, dass ich glücklich bin.
6. Meine Sehnsüchte sind natürlich, normal und gesund.
7. Das Leben will, dass ich allen Segen empfange, den es für mich und andere bereithält.
8. Danke.

Das Letzte, „Danke“, ist der Schlüssel zum Ganzen. Wenn Sie nichts anderes aus diesem Buch herausholen, wenn Sie keine der hier vorgeschlagenen Übungen machen, so tun Sie wenigstens dies, und Ihr Leben wird sich zwangsläufig ändern:

Wenn Sie morgens aufstehen, sagen Sie danke.
Wenn Sie in den Spiegel schauen, sagen Sie danke.
Wenn Sie frühstücken, sagen Sie danke.
Wenn Sie sich die Zähne putzen, sagen Sie danke.

Wenn Sie die Zeitung lesen, sagen Sie danke.
Wenn Sie sich die Nachrichten anschauen, sagen Sie danke.
Wenn Sie schlafen gehen, sagen Sie danke.

Wenn Sie dies tun, denken Sie wirklich, dass Sie dann fähig sein werden, sich weiterhin in puncto Erfolg auszuhungern?

Was ist der dritte Schritt zur Überwindung der Erfolgsmagersucht?

Kapitel 11

Der dritte Schritt: Zielfreie Zonen

Über kein Thema ist in der traditionellen Erfolgsliteratur mehr geschrieben worden als über das Thema Ziele. Was ist ein Ziel? Warum sind Ziele notwendig, wenn es darum geht, Erfolg zu haben? Und was am wichtigsten ist – wie können wir vermeiden, all unsere Mühen und Anstrengungen beim Erreichen unserer Ziele zu vergeuden?

Beginnen wir mit einer Definition dessen, was ein Ziel ist. Das englische Wort für Ziel, *goal,* stammt vom mittelenglischen *gol* ab, was so viel wie „Grenze" bedeutet. Ein Ziel ist „etwas, auf das sich ein Bestreben richtet". Der Grund, weshalb Ziele beim Erreichen von Erfolg so unabdingbar sind, liegt auf der Hand: Wenn wir nicht wissen, wohin wir gehen (unser Ziel), können wir unmöglich wissen, ob wir jemals dort angekommen sind.

Die Herausforderung, der sich Erfolgsmagersüchtige gegenüber sehen, ist, dass die Ziele, die sie ihrer Überzeugung nach erreichen müssen, oft schlicht unmöglich zu erreichen sind. Viele meiner Seminarteilnehmer haben mir zum Beispiel erzählt, dass sie es für ihre Aufgabe hielten, die Welt zu erretten. Hört sich das in Ihren Ohren wie ein vernünftiges Ziel an? Ich möchte dies als ein Beispiel für ein unmöglich zu realisierendes Ziel bezeichnen.

Der springende Punkt ist, wenn Sie es für Ihre Aufgabe halten, die Welt zu erretten oder jeden glücklich zu machen, glauben Sie, dass nichts von dem, was Sie tun, je gut genug ist. (Beachten Sie bitte den Abschnitt: *Warum wir unsere eigenen Leistungen abtun* in Kapitel 7.) Wenn Sie glauben, Sie müssten vollkommen sein oder die Welt erretten, ehe Sie sich erfolgreich (oder glücklich) schätzen dürfen, ist es ziemlich klar, dass Sie sich niemals erlauben werden, erfolgreich zu sein – weil man keines dieser Ziele tatsächlich erreichen kann. Beachten Sie bitte aber, dass gerade das Vorhandensein dieser Ziele ein Kennzeichen für einen sehr mitfühlenden, sensiblen Charakter ist. Ein egoistischer Mensch würde sich kaum darum scheren, diesen Planeten in Ordnung zu bringen oder anderen zu helfen, nicht wahr?

Magersüchtige, ob sie sich nun in puncto Nahrung oder Erfolg aushungern, versuchen oft, Probleme zu beheben, indem sie sich einer Sache enthalten – also indem sie sich der Nahrung oder dem Erfolg verweigern. Wenn ihre Bemühungen, die Welt in Ordnung zu bringen, fehlschlagen, wie es zwangsläufig der Fall sein muss (weil das ein unmöglich zu realisierendes Ziel darstellt), beweist ihnen dies nur wieder einmal, dass sie Versager sind.

Warum halten es Magersüchtige überhaupt für ihre Aufgabe, die Welt zu erretten? Einfach deshalb, weil ihr Negatives Spiegelbild ihnen das immer wieder einredet. Darüber hinaus stellt dies einen tollen Weg dar, sich selbst vom Erfolg abzuhalten. (Wenn man so ein Ziel wie die Errettung der Welt hat, wo soll man denn da überhaupt anfangen?)

Es ist eine brillante Strategie, die das Negative Spiegelbild anwendet, um uns davon abzuhalten, dass wir uns auf unseren Erfolg und unser Glück in unserem Leben (bzw. unseren Mangel daran) konzentrieren. Es erweist sich überdies als eine gute Vermeidungsstrategie, die Schritte in Angriff zu nehmen, sich das Leben, das man sich wirklich wünscht, zu erschaffen.

Erfolgsmagersüchtige sind sich der Probleme der Welt mehr als die meisten anderen Leute bewusst. Sie glauben, dass diese Probleme buchstäblich in ihren Verantwortungsbereich fallen und dass sie Erfolg nicht verdienen (werden), solange und sofern sie diese nicht beheben.

Die Überzeugung, dass ein Einzelner die Welt erretten könne oder solle, ist schlichtweg falsch. An dieser Tatsache kommt man einfach nicht vorbei. (Glauben Sie mir, ich würde das auch ändern, wenn ich könnte.)

Dies erzeugt im Inneren des Opfers einen schrecklich schmerzvollen Kampf: „Ich weiß, ich könnte Menschen helfen, wenn ich nur lernen könnte, mir selbst zu helfen; aber da ich mir nicht helfen kann, nütze ich wahrscheinlich überhaupt niemandem." Diese verzerrte Logik hält das Opfer in Isolation und das Negative Spiegelbild am Ruder. Wieder einmal muss man den Betroffenen beibringen, dass kein menschliches Wesen versuchen kann oder auch nur versuchen sollte, die Welt zu erretten. Es ist einfach nicht ihre Aufgabe – und obendrein unmöglich.

Einer der Wege, dies zu tun, besteht im Schaffen *Zielfreier Zonen* in Ihrem Leben. Eine Zielfreie Zone ist ein Zeitraum, ein Ort oder ein Umstand, wenn Sie nichts tun, wenn Sie einfach nur *sind.* Eine Zielfreie Zone ist, wie der Name schon besagt, ein Zeitraum und ein Ort, wo es keine Ziele gibt, keine Termine, keine Verantwortlichkeiten und nichts, das getan werden sollte oder müsste.

Was war Ihr erster Gedanke bei der Lektüre dieses Abschnittes? Ja! Oder eher: O nein! Zielfreie Zonen gehören in der Tat zum Heikelsten dieser Lehre, weil ihr Setzen und Einhalten nicht so leicht ist, wie es vielleicht scheint. Erfolgsmagersüchtige haben diesbezüglich mehr Kurse und Workshops als irgendein anderer Mensch besucht. Sie wissen, wie man sich Ziele setzt! Sie erlauben sich jedoch fast nie, die einfachen Freuden des Lebens sichtbar werden zu lassen oder zu genießen, einfach weil sie ihrer Überzeugung nach diese Gefühle nur dann haben sollten, wenn alle ihre Ziele erreicht sind.

Sie müssen sich von dieser trügerischen Logik befreien, weil es einfach nicht stimmt, dass man nur dann lockerlassen kann, wenn man perfekt und die Welt heil ist. Wenn dies der Fall wäre, käme nie jemand dazu, sich zu entspannen.

Sie müssen für sich selbst Rahmenbedingungen schaffen, in denen Sie sowohl von Ihren selbst gesetzten Zielen wie auch von denen, die Sie von anderen übernommen haben, frei sind. Dies ist von größter Wichtigkeit, weil Sie erfahren und verstehen müssen, dass Ihr Wert nicht von Ihren Leistungen, Ihren Lorbeeren herrührt oder davon, was Sie für andere tun.

Erfolgsmagersüchtige werden oft sehr für ihre Leistungen und Taten gepriesen. Sie gewinnen Preise, bekommen die besten Noten und zeigen die tollsten Leistungen. Dennoch ziehen sie aus diesen Auszeichnungen sehr wenig innere Befriedigung, weil sie aufrichtig glauben, dass dies jeder hätte schaffen können. Hallo! Wir müssen Sie aufwecken, damit Sie erkennen, dass das, was Sie getan haben und wer Sie sind, mehr als ausreicht. Sie müssen nicht die Welt erretten, um sich des Erfolgs, des Glücks und der Freude im Leben würdig zu erweisen.

Ich will Ihnen ein Beispiel an die Hand geben. In den späten achtziger Jahren zog ich mit einem einzigen Gedanken im Kopf nach Los Angeles: ich wollte ein Filmstar werden. Wohlgemerkt, ich wollte kein Schauspieler sein. Nein, das hätte nicht gereicht. Ich musste ein Filmstar sein. Nachdem ich die allererste Rolle, für die ich vorgesprochen hatte, bekam, war ich überzeugt, darin läge meine Bestimmung.

Ich wartete weitere sechs Monate, ehe ich meine nächste Rolle bekam. Glauben Sie mir, die Rollen, die ich ergatterte, waren das Warten nicht wert. Nach vier Jahren schmerzlich langer Abstände zwischen den Engagements und Rollen, die Steven Spielbergh nicht dazu veranlassten, mich anzurufen, zog ich wieder zurück nach Maine. Später erkannte ich, dass mein Beharren darauf, ein Filmstar zu werden, mich ein kleines Detail vergessen ließ: dass man vorher zum guten Schauspieler reifen muss.

Wieder zurück in Maine wurde mir etwas klar, das ich mir in all den Jahren in Hollywood nie eingestanden hatte: Ich hatte die Schauspielerei satt! Ich hatte auf der Bühne gestanden, seit ich drei Jahre alt war (mein Vater hatte eine lokale Schauspieltruppe geleitet, und mein Bruder und ich hatten während der Probenpausen die Schauspieler unterhalten), und der Spass war mir einfach vergangen. Ich war es müde, die Zeilen anderer vorzutragen; ich wollte nur ich selbst sein. In meinem eifrigen Verfolgen eines unmöglichen Zieles widmete ich mich jedoch nie wirklich dem Schauspielhandwerk. Gewiss, ich nahm Schauspielunterricht – aber ich fühlte mich darüber erhaben und wartete lediglich auf meinen großen Durchbruch. (Himmel, da frage ich mich, warum er sich bei einer solchen Haltung nie einstellen wollte?)

Nachdem ich Hollywood den Rücken gekehrt hatte, fiel mir etwas Faszinierendes auf, wenn ich mir Interviews mit so genannten Filmstars anschaute. Sie sprechen selten davon, wie glanzvoll und wunderbar ihr Leben ist. Stattdessen reden sie von ihrer Arbeit, ihrem Handwerk, dem Film oder der Broadway-Aufführung, in der sie mitspielen. Am allermeisten reden sie über die Leute, mit denen sie arbeiten. Ich erkannte, dass sie alle anscheinend über eines verfügten, was mir abging: die Liebe zur Schauspielerei!

Es lässt sich unschwer erkennen, warum ich kein Filmstar wurde. Nicht nur machte ich nicht das, was es braucht, um es geschehen zu lassen. Ich machte das, was ich tat, auch keineswegs gern. Nicht eben ein Erfolgsrezept!

Diese Geschichte soll Ihnen zeigen, dass Erfolg nichts Geheimnisvolles ist; er ist weder eine Sache des Zufalls noch des Glücks. Erfolg tritt ein als ein Ergebnis dessen, dass man tut, was man liebt, dass man sich genau bewusst ist, wohin man geht, und dass man die geeigneten Schritte auf dem Pfad seiner Bestimmung wählt.

Aus diesem Grund sind Zielfreie Zonen so wichtig. Wie können wir ohne ein Bewusstsein, wohin wir gehen, wissen, wann wir dort angelangen? Was, wenn der Ort, auf den wir zugehen, nicht dem entspricht, an dem wir angelangen wollen?

Eine Zielfreie Zone befähigt Sie dazu, Atem zu schöpfen. Innezuhalten. Auf sich selbst und Ihre inneren Sehnsüchte zu hören. Sich Fragen zu stellen, die Sie sich normalerweise nicht fragen würden, wie: „Wohin gehe ich? Was mache ich? Was ist der Sinn meiner Arbeit? Was ist der Grund für meine Existenz auf Erden? Gehe ich in die Richtung, in die ich wirklich gehen will?"

Es gibt keine richtigen Antworten auf diese Fragen. Nicht nur das, Ihre Fragen werden sich mit der Zeit zudem verändern. Eine Zielfreie Zone erlaubt es Ihnen, sich über diese Fragen klar zu werden, während Sie in Ihrem Garten Blumen pflanzen, über eine Wiese wandern, Golf spielen, Ihr Auto waschen oder einen Kuchen backen.

Beachten Sie, dass es sich hierbei um Aktivitäten handelt. Ich erwähnte weiter oben, dass eine Zielfreie Zone ein Zeitraum und ein Ort sei, wo Sie nichts tun. Dies stimmt allerdings nur teilweise. Eine präzisere Definition einer Zielfreien Zone lautet: ein Zeitraum und ein Ort, an dem Sie für eine Weile aufhören, Ihre Ziele zu verfolgen.

Sehen wir Folgendem einmal ins Auge: Für einige von uns bedeutet Entspannung, am Strand zu liegen. Für andere ist dies alles andere als entspannend. Entspannend kann für diese Leute Tennisspielen sein. Für andere ist es Klavier spielen, Karten spielen oder eine Runde Frisbee mit ihrem Hund. Andere Entspannungsmethoden können sein:

- Ein Nickerchen machen
- Plätzchen backen

- Das Auto waschen
- Laub rechen
- Ein Malbuch kolorieren
- Malen
- Liebe machen
- Inlineskating
- Wasserski fahren
- Schreiben
- Einen Computer zerlegen und wieder zusammenbauen
- Fischen
- Joggen
- Rad fahren
- Wandern
- Lesen
- Massiert werden/jemanden massieren

Sie haben nun eine Vorstellung davon bekommen. Dies sind nur ein paar Anregungen, was Sie in Ihrer Zielfreien Zone machen könnten. Schreiben Sie einige Ihrer eigenen Einfälle auf. Sie müssen nicht wie ein Ölgötze dasitzen, um sich in einer Zielfreien Zone aufhalten zu können.

Sherri, eine meiner Seminarteilnehmerinnen, rief mich eines Tages an und meinte: „Noah, ich bin im Urlaub und denke an das, was Sie mir gesagt haben. Ich habe gerade gemerkt, dass ich die ganze Zeit, die ich eigentlich hätte Urlaub machen sollen, herumgesaust bin und irgendwas gemacht habe – ich habe nicht fünf Minuten lang innegehalten! Ich sitze hier und versuche, eine Zielfreie Zone einzulegen, und jedes Mal, wenn ich innehalte, denke ich an zehn Sachen, die tun sollte! Ich sage mir andauernd: ‚Warum nur hat Noah mir etwas über diese verflixten Zielfreien Zonen beibringen müssen?'" Mittlerweile brüllten wir beide natürlich vor Lachen.

Ich habe nicht behauptet, dass es leicht ist, sich Zielfreie Zonen zu setzen oder darin zu leben. Wir werden von früher Kindheit an darauf abgerichtet, etwas zu tun und zu machen. „Wer rastet, der rostet", „Müßiggang ist aller Laster Anfang" usw. Ich leugne nicht, dass das Erschaffen einer Zielfreien Zone eine gewisse Willenskraft erfordert; dabei handelt es sich jedoch um die Willenskraft, damit aufzuhören, so viel zu tun.

Sie werden vom Gebrauch Ihrer Zielfreien Zonen auf eine subtile, aber wirksame Weise profitieren. Sie werden allmählich lernen, dass die Welt nicht laut rumpelnd anhält, wenn Sie 20 oder 30 Minuten lang pro Tag innehalten. Ironischerweise werden Sie auch herausfinden, dass Sie dank des Einsatzes Zielfreier Zonen mehr in kürzerer Zeit schaffen, weil Sie die Botschaften, die aus Ihrem Unterbewusstsein kommen, werden hören können – Botschaften, die in der unaufhörlichen „Geschäftigkeit", an die so viele von uns gewöhnt sind, untergehen. Unser Unterbewusstsein liefert auf unerwartete Weise Antworten auf Fragen, weil es auf nicht-logische, nicht-lineare Weise funktioniert. Das Unterbewusstsein ist allerdings wie ein schüchterner Spielkamerad – es muss sich sicher fühlen, damit es herauskommt und mit uns spielt.

Oft fragen mich Leute: „Wie setze ich Zielfreie Zonen?" Das kann man auf zwei Arten tun:

1. Legen Sie einen bestimmten Zeitraum am Tag für Ihre tägliche Zielfreie Zone fest.
   Sie können beispielsweise sagen: „Also gut, von halb zehn bis zehn halte ich mich in meiner Zielfreien Zone auf." Kündigen Sie dies, falls nötig, Ihrer Familie und Ihren Freunden an. Setzen Sie sich durch, indem Sie darauf dringen, dass Ihre Mitmenschen dies auch respektieren.

Der andere Weg funktioniert so:

2. Wenn Sie im Lauf des Tages merken, dass Sie sich allmählich aufregen, Ihnen alles zu viel wird oder Sie versuchen, zu viel auf einmal zu tun – halten Sie inne. Atmen Sie durch. Verkünden Sie laut: „Gut! Wir betreten jetzt eine Zielfreie Zone."

Ich habe herausgefunden, dass ich mich mit der zweiten Methode am wohlsten fühle. Immer wenn ich zu meinen beginne, dass hunderttausend Dinge schon gestern hätten erledigt werden müssen, halte ich inne, atme tief durch und sage laut: „Na gut! Wir betreten jetzt eine Zielfreie Zone." Dies bringt mich einfach zum Innehalten. (Beachten Sie, ich behaupte nicht, dies sei leicht; aber glauben Sie mir, wenn ich das kann, schaffen Sie es auch!)

Was ist meine persönliche Lieblingsbeschäftigung in einer Zielfreien Zone? Ein Nickerchen. Ein Nickerchen verschafft mir automatisch eine Zielfreie Zone; ich kann mit hundertprozentiger Sicherheit im Schlaf nicht danach streben, etwas zu leisten! Darüber hinaus habe ich herausgefunden, dass es mir bei einem 20-minütigen Nickerchen alle vier bis sechs Stunden so vorkommt, als wäre der Tag zwei oder vier Stunden länger.

Der Einsatz Zielfreier Zonen mag Ihnen zuerst komisch, ja sogar falsch vorkommen. Das ist vollkommen normal. Wenn Sie Ihr ganzes Leben damit zugebracht haben, fortwährend zu tun und zu machen, wird es sich seltsam anfühlen, wenn Sie aufhören, ständig bloß umherzuwirbeln. Versuchen Sie es und halten Sie durch. Nach einer Weile wird es sich gar nicht mehr so übel anfühlen, nichts Besonderes zu tun.

Was ist der vierte Schritt zur Überwindung der Erfolgsmagersucht?

Kapitel 12

Der vierte Schritt: Zieltransformation

Kennen Sie Ihr Potenzial? Ist es Ihnen je so vorgekommen, als würden Sie diesem nicht gerecht? Wenn Sie die erste Frage verneinen und die zweite bejahen, sind Sie nicht der Einzige.

Der Begriff *Potenzial* ist enger mit Erfolgsmagersucht verbunden als jedes andere Wort. Das kommt daher, weil sich die Opfer schmerzlich bewusst sind, dass sie ihm nicht gerecht werden, was auch immer es ist. Es ist, als gäbe es ein Hindernis, über das Sie zu springen versuchen, aber jedes Mal, wenn Sie sich vom Boden abstoßen, erhöht jemand die Hürde. Wenn wir spüren, dass wir unserem Potenzial nicht gerecht werden, arbeiten wir oft noch härter, um zu beweisen, dass wir ihm gerecht zu werden versuchen. Wenn wir jedoch unser Potenzial nicht einmal kennen, wie wissen wir dann, wann wir ihm gerecht werden?

Dieses Phänomen ist besonders sichtbar im Bereich des Leistungssports. Es ist traurig, mitzuerleben, wie viele Spieler und Athleten nie ihrem Potenzial gerecht werden. Vin Scully, der bekannte Sportreporter, sagte einmal: „Kein anderes Wort flößt wahrscheinlich einem Spieler oder Trainer (oder einer Mannschaft) mehr Angst ein als das Wort ‚Potenzial'."

Dies brachte mich dazu, eine Übung namens Zieltransformation zu erfinden. Ich prägte diesen Begriff, als ich zweierlei erkannte:

1. Das Opfer von Erfolgsmagersucht muss aufhören, sich so viele Ziele zu setzen (hierin liegt der Grund für die Zielfreien Zonen des vorigen Kapitels).

Allerdings:

2. Es ist einem Menschen nicht möglich, keine Ziele zu haben.

Es ist einem Menschen einfach nicht möglich, nichts zu wollen. Wir Menschen sind von Zielen gesteuerte Lebewesen. Wir sehen oder denken an etwas, das wir wollen, dann unternehmen wir Schritte, es zu bekommen. Das sind wir, und so funktionieren wir; so ist unsere Art.

Kurz nach meiner Entdeckung der Erfolgsmagersucht erkannte ich, dass die Betroffenen unbedingt lernen mussten, dass ihr Wert nicht von ihren äußeren Leistungen, ihren Preisen oder Ehrungen abhängt oder davon, ob sie die Welt erretten oder ein Filmstar werden. Ich erkannte jedoch auch, dass es im Wesen der Menschen liegt, von Zielen gesteuerte Lebewesen zu sein. Ich kam deshalb auf Folgendes: Wenngleich auf dem Weg der Heilung befindliche Erfolgsmagersüchtige nicht ohne Ziele sein können – weil das einfach nicht möglich oder realistisch ist –, müssen sie ihre Ziele anpassen oder verlagern, die sie ihrer Überzeugung nach erreichen müssen, um des Erfolges würdig zu sein.

Kurz gesagt, ich erkannte, dass die auf dem Weg der Erholung befindlichen Erfolgsmagersüchtigen ihre unmöglichen Ziele durch solche würden ersetzen müssen, die für ihr Glück, Wohlbefinden und ihre Erfüllung sinnvoller sind. Dies ist der Grund für die Zieltransformation.

Es verblüfft einen, wie viele Menschen nahezu keine Ahnung davon haben, was sie wirklich wollen oder was sie glücklich machen würde. Diese Menschen sind keineswegs faul, inkompetent oder ohne Ehrgeiz. Sie gestatten sich einfach nicht den Erfolg. Es mangelt ihnen nicht an Intelligenz oder Ausdauer, sondern an der Erlaubnis, erfolgreich zu sein.

Sie haben sich ihr ganzes Leben auf den Versuch konzentriert, die Welt zu erretten und alle anderen glücklich zu machen, und dabei ihr eigenes Glück vernachlässigt.

Wenn der Erfolgsmagersüchtige einsieht, dass es tatsächlich unmöglich ist, die Welt zu erretten und alle anderen glücklich zu machen, sagt er: „Meinen Sie, ich bin deshalb *kein* Versager? Wollen Sie damit sagen, dass ich *doch* etwas tauge? Wollen Sie mir zu verstehen geben, dass ich *nicht* alle anderen glücklich machen muss, damit ich des Erfolges würdig bin?“

Ja, genau das meine ich. Ich will noch einmal betonen, dass ich meinen Seminarteilnehmern keinesfalls sage, was sie tun sollten oder was sie wollen sollten, und ich sage ihnen auch nicht, was

Erfolg für sie bedeuten sollte. Ich gebe keine auf meinen Meinungen oder Erfahrungen basierenden Empfehlungen ab, was sie wollen oder anstreben sollten. Oft fragen mich meine Kursteilnehmer: „Was meinen Sie denn, was ich tun sollte?"

Diese Frage stellt mich wirklich auf den Prüfstand, ob ich es ihnen zutraue, die richtige Entscheidung zu treffen, oder nicht. Es ist unbedingt notwendig, dass ich ihnen vermittle, dass *ich* weiß, dass *sie* wissen, was für *sie* richtig ist. Meine Antwort fällt etwa so aus: „Sie wissen viel besser als ich, was das Beste für Sie ist. Was meinen Sie denn?" Oder: „Was wollen Sie denn tun?" Oder: „Was ist denn Ihrem Gespür nach das Beste für Sie?"

Nicht immer gefällt ihnen meine Antwort auf Anhieb, weil sie daran gewöhnt sind, dass sie jedem außer sich selbst zu gefallen versuchen. Viele Seminarteilnehmer haben mir später gesagt, dass ihnen ebendiese Fragen dabei halfen, zu wachsen und zu erfahren, was sie wirklich wollten, weil ihnen jemand zum ersten Mal zutraute, dass sie wissen, was sie wirklich für sich wollen, und nicht versuchte, ihnen einzureden, was sie tun sollten.

Es folgen die einzelnen Schritte der Zielersatzhandlung. Nehmen Sie wieder Ihr Tagebuch zur Hand. (Ja, jetzt gleich.)

1. Schreiben Sie auf, was Ihre gegenwärtigen (unmöglichen) Ziele sind. Vervollständigen Sie dann diese Sätze:
   Ich spüre, dass ich ... muss
   Ich muss ...
   Ich sollte ...
   Man zählt auf mich (schreiben Sie auch auf, wer diese „man" sind), dass ich ...
   Es ist zwingend erforderlich, dass ich ...
   Ich kann nicht ...
   Wenn ich nicht ..., dann ...
   Wenn ich nicht ..., heißt das, dass ich ...
   Wenn ich nicht ..., dann sagen meine Eltern ...
   Wenn ich nicht ..., dann bin ich ein Versager, weil ...
2. Halt. Schauen Sie sich Ihre Liste an.
   Atmen Sie tief durch und legen Sie eine Pause ein. Was haben Sie gerade geschrieben? Stammt das wirklich von Ihnen – oder kommen diese Botschaften von jemand anderem?

3. Fragen Sie sich: „Ist dies wirklich das, was ich tun will, oder stammt dieses Ziel von jemand anderem oder woanders her? Hören Sie in sich hinein. Dann schreiben Sie die Antwort auf diese Frage Punkt für Punkt auf Ihrer Liste nieder.
4. Wenn die Ziele, die Sie internalisierten, nicht wirklich von Ihnen (sondern von jemand anderem) stammen, fragen Sie sich: „Was will ich wirklich tun?“
   Gehen Sie zu den Übungen in Kapitel 9 über bedingungslose Unterstützung zurück. Machen Sie die Übungen noch einmal, und denken Sie dabei an all diese anderen Aspekte, die Sie eben aufgestöbert haben. Warum Sie die Übungen wiederholen sollen? Weil Sie mittlerweile erkannt haben werden, dass viele der Punkte darüber, was Sie tun müssen und sollen, überhaupt nicht von Ihnen stammen.

Ihre Träume, Sehnsüchte und Ziele gehen keinen anderen Menschen etwas an. Wenn Sie Ihre Träume und Pläne mit anderen teilen möchten, denken Sie daran, dass derjenige, mit dem Sie Ihre Ideen teilen wollen, Ihnen zweifellos seine Meinung mitteilen wird, ob Sie ihn nun darum bitten oder nicht. Dies trifft insbesondere auf Familienangehörige zu, weil es sich bei ihnen um die Menschen handelt, die nicht wollen, dass Sie Risiken auf sich nehmen oder verletzt werden.

Wenn andere Ihnen ihre Meinung mitteilen (was sie zwangsläufig tun werden, nahezu gesetzmäßig), schlage ich vor, dass Sie die von Franklin Delano Roosevelt angewandte Technik einsetzen. FDR war einer der bekanntesten, beliebtesten Präsidenten in der Geschichte Amerikas. Es ist kein Zufall, dass er zudem ein ausgezeichneter Zuhörer war. Er hörte sich immer die Ansichten von Senatoren und Kongressabgeordneten verschiedener Seiten zu jedem Thema an und schenkte dabei jedem seine gespannte Aufmerksamkeit. Am Ende des jeweiligen Treffens war jeder Senator und Kongressabgeordnete überzeugt, dass Roosevelt es von seinem Standpunkt aus sah und genau entsprechend den Vorschlägen des Senators oder Kongressabgeordneten handeln würde. Natürlich ging dann FDR immer ausschließlich nach seinen eigenen Plänen vor, ungeachtet dessen, was ihm jemand gesagt hatte.

Meiner Erfahrung nach ist diese Strategie im Umgang mit anderen Menschen, vor allem mit Familienmitgliedern, überaus wirksam. Es ist absolut sicher, dass diejenigen, die sich am meisten um unser Wohlergehen kümmern, nie wollen, dass wir irgendwelche Risiken eingehen. Es ist allerdings auch gewiss, dass wir niemals etwas von bleibendem Wert aufbauen können, wenn wir nie etwas riskieren.

Ihnen wird es leichter fallen, sich die Ansichten anderer anzuhören, wenn Sie erkennen, dass jeder Ihnen seine Ansichten zwangsläufig mitteilen muss. Hören Sie auf, von anderen zu erwarten, sie stimmten mit Ihnen überein. Erwarten Sie stattdessen, dass sie Ihnen ihre Ansichten darlegen und sich aufregen, wenn sie von den Ihren abweichen. Sie werden entdecken, dass etwas Wunderbares passiert: Sie werden merken, dass Sie anderen zuhören. Der einfache Prozess des Zuhörens gibt den meisten Leuten, was sie wollen: die Gelegenheit, gehört zu werden. Wenn Sie das den anderen geben können, machen Sie ihnen das größte Geschenk überhaupt, das man einem Menschen machen kann.

Was ist der fünfte Schritt zur Überwindung der Erfolgsmagersucht?

Kapitel 13

Der fünfte Schritt: Sich zweimal täglich etwas Gutes gönnen

Ist Ihnen je aufgefallen, dass unsere Einlaufkörbe, gesellschaftlich gesehen, immer voller und voller werden? Wie viele Punkte stehen heute auf Ihrer Zu-Erledigen-Liste? Fünf? Zehn? Mehr? Wenn Sie nicht alles an einem Tag schaffen, was tun oder sagen Sie dann zu sich selbst? Wenn Sie sich wie so viele der Menschen verhalten, mit denen ich gearbeitet habe, läuft Ihr innerer Monolog wahrscheinlich etwa so ab:

„Du Stümper, warum kannst du nicht mehr an einem Tag schaffen? Weißt du nicht, dass du mehr erledigen musst, weißt du denn nicht, dass dein Bruder (deine Schwester oder mit wem auch immer Sie sich vergleichen) das an einem Tag auf die Reihe kriegen würde, und wahrscheinlich noch mehr ..?" Usw.

Der Kernpunkt liegt darin, dass sich die meisten von uns sagen, dass wir heute mehr erledigen müssen, als wir überhaupt an einem Tag schaffen können. Dennoch glauben wir gleichzeitig nicht daran, dass wir das zustande bringen können, was wir wirklich in unserem Leben vorhaben. Es ist, als würden wir unser wahres Selbst hinter einem Berg von Aufgaben verstecken, die uns nicht wirklich näher daran heranführen, unsere Träume zu erkennen oder in die Tat umzusetzen – wenn wir uns überhaupt erlauben zu wissen, was diese Träume ausmacht!

Wie kann man dieses Problem lösen? Na gut, wir könnten versuchen, es zu ignorieren, und hoffen, dass es sich von allein erledigen wird. Aber Sie und ich wissen beide, dass dies zu überhaupt nichts führen wird.

Und eben hier kommt Folgendes zum Tragen: Gönnen Sie sich zweimal täglich etwas Gutes Ich habe herausgefunden, dass dies die wirksamste je von mir eingesetzte Technik ist, um das Gefühl des Nicht-Genügens zu beseitigen.

In der Praxis bedeutet dies, dass Sie sich zweimal täglich gönnen, etwas zu tun, an dem Sie Freude haben – einmal morgens, einmal abends. Auf diese Weise stecken Sie Ihre Ziele nicht so hoch und erreichen sie leichter.

Es mag Ihnen fast komisch vorkommen, sich für etwas, das Ihnen Freude und Vergnügen bereitet, einen Terminplan aufzustellen. Aber denken Sie doch einmal darüber nach. Wann haben Sie zum letzten Mal etwas getan, was Ihnen wirklich Freude bereitet hat (und es nicht bloß in Erwägung gezogen)? Wann haben Sie zum letzten Mal etwas erledigt und darüber tatsächliche Befriedigung empfunden? Überlegen Sie einmal, wann haben Sie zum letzten Mal etwas getan, was Ihnen Spass macht – und deshalb kein schlechtes Gewissen gehabt?

In unserem Kulturkreis wird uns oft beigebracht, Wohlgefühl mit einem schlechten Gewissen zu verbinden. Wenn wir es auf diese Weise betrachten, ist es beinahe komisch. Unser grundlegendes Bedürfnis, uns gut zu fühlen und aus dem, was wir tun, Freude zu gewinnen, vermischt sich mit dem Schuldgefühl, das in dem Augenblick aufkommt, wenn wir uns tatsächlich bei dieser Aktivität wohl fühlen! Kein Wunder, dass so viele von uns so eifrig genau das, was wir am meisten im Leben wollen, zu vermeiden suchen.

Umgekehrt wird uns auch beigebracht, dass wir irgendwie etwas Wertvolles tun, wenn wir uns bis zur Erschöpfung verausgaben, um irgendwelche Punkte gutgeschrieben zu bekommen. Haben Sie schon einmal eine solche Tabelle, in die diese Punkte eingetragen werden, gesehen? Ich darf Ihnen ein kleines Geheimnis verraten: Niemand außer Ihnen führt eine derartige Punktetabelle! Es gibt keine Zusatzpunkte für zusätzliche Qualen. Sie verdienen sich keine Extrapunkte durch Schufterei.

Ich will damit nicht sagen, dass wir aufhören sollten, hart zu arbeiten, oder dass wir Faulheit als Lebensart befürworten sollten. Ich will damit vielmehr Folgendes sagen: Je schwerer wir arbeiten, desto mehr neigen wir oft dazu, das, was wir am meisten wollen, aus den Augen zu verlieren. Vergessen Sie nicht, die Vorstellungen über harte Arbeit wurden uns von unseren wohlmeinenden Eltern und Lehrern beigebracht, die wirklich nur das Beste für uns wollten. Leider haben es viele von uns zur Meisterschaft darin gebracht, sich positive Gefühle und Erfahrungen nicht zu erlauben, für nahezu keine Anerkennung freudlos schwer zu arbeiten und uns in dem Moment, in dem uns etwas Gutes geschieht, schuldig zu fühlen.

Bei Gefühlen und Verhaltensweisen wie den eben beschriebenen handelt es sich natürlich nicht um bewusste Gedanken. Niemand läuft herum und sagt: „Na so was, ich bin glücklich, also sollte ich jetzt Schuldgefühle haben." Eltern bringen ihren Kindern nicht absichtlich bei, ein schlechtes Gewissen zu haben, wenn sie sich gut fühlen. Es passiert vielmehr, dass diese Vorstellungen sich bei uns einschleichen, wenn wir uns dessen nicht bewusst sind. Uns fällt auf, dass wir uns merkwürdig, seltsam, sogar verängstigt fühlen, wenn uns etwas Gutes passiert – aber wir können uns dieses Phänomen nicht erklären.

In diesem Fall befreien wir uns im Allgemeinen von jedem errungenen Erfolg, um unser inneres Niveau des Wohlbefindens und der Sicherheit zu erlangen. Die Botschaft in unseren Köpfen hört sich etwa so an:

„Wenn ich glücklich bin und etwas tue, was mir Freude bereitet, heißt das, dass ich nicht hart arbeiten kann. Und wenn ich nicht schufte, heißt das, dass ich all das Gute, das mir widerfährt, nicht verdiene. Was, wenn jemand daherkommt und mir das, was ich habe, wegnimmt? Vielleicht sollte ich es einfach zurückgeben, ehe jemand es mir wegnimmt. (Und eines sollte ich besser wirklich nicht tun: die anderen wissen lassen, wie sehr ich mich wirklich mag!)"

Wenn das Problem darin besteht, dass Sie glauben, sich nicht erlauben zu dürfen, sich die Zeit für die Dinge zu nehmen, die Ihnen Freude bereiten, und Sie ein schlechtes Gewissen wegen Ihres eigenen Vergnügens und Ihrer Erfüllung haben, besteht die Lösung darin, das Gegenteil von dem, was Sie getan haben, zu tun.

Na klar, Noah. Und nächsten Dienstag wachsen die Bäume in den Himmel.

Gehen Sie bitte schonend mit sich um. Ich behaupte nicht, dass diese Veränderungen so leicht vonstatten gehen, wie ich sie erscheinen lasse. Aber Sie wissen so gut wie ich, dass wir weiterhin das bekommen, was wir jetzt erhalten, wenn wir weiterhin tun, was wir tun. Ist es nicht sinnvoller, etwas Neues anzupacken und zu sehen, was dann passiert?

Gehen wir Schritt für Schritt vor. Zuerst vervollständigen Sie die folgenden Sätze:

1. Wenn ich genug Zeit hätte, würde ich ...
2. Wenn ich genug Geld hätte, würde ich ...
3. Wenn Geld keine Rolle spielte, würde ich ...
4. Wenn Zeit kein Thema wäre, würde ich ...
5. Wenn ich die Gelegenheit hätte, würde ich ...
6. Ich wollte immer ...
7. Was mir viel Vergnügen bereitet, ist ...
8. Ich würde liebend gern ... lernen
9. Ich würde liebend gern ...
10. Es ist immer sehr schön, wenn ich ...

Na schön. Sie überfliegen diese angefangenen Sätze wahrscheinlich nur und vollenden diese nicht. Tun Sie mir nur einen Gefallen. Atmen Sie tief durch. Und jetzt gehen Sie an Ihren Schreibtisch und holen Sie sich einen Stift. Vollenden Sie jeden der angefangenen Sätze. Ja, ich will, dass Sie dies gleich in dieses Buch hineinschreiben (soweit es Ihnen gehört).

Notieren Sie die vervollständigten Sätze auch in Ihr Tagebuch.

Haben Sie sich eine Aktivität überlegt, etwas, was Sie wirklich mögen und bei dem Sie viel Freude und Befriedigung verspüren?

Großartig. Und jetzt will Ihnen Folgendes sagen: *Tun Sie es nicht.*

„Was?! Sie haben mir gerade erzählt, diese Aktivitäten aufzuschreiben, und jetzt wollen Sie, dass ich ihnen nicht nachgehe? Sind Sie denn übergeschnappt?“

Lesen Sie bitte weiter.

Sehen Sie, wenn dies ein gewöhnlicher Ratgeber wäre, hätten Sie jetzt gelesen, dass Sie sich entsprechend viel Zeit freihalten sollten, um die Dinge zu tun, die Sie gern machen, und sie dann genießen sollten.

Na schön, falls Sie es bis jetzt nicht bemerkt haben sollten – dies ist kein gewöhnlicher Ratgeber.

Der Grund, warum ich nicht sagte, Sie sollten hingehen und diese Aktivitäten ausführen, liegt daran, dass, ich offen gestanden, alle fiesen Tricks kenne, die sich das Negative Spiegelbild seinen Opfern gegenüber erlaubt (weil ich sie mir alle selbst angetan habe!). Sehen Sie, als ich mit der Überwindung der Erfolgsmagersucht anfing, schrieb ich diese Listen mit all den Dingen, die ich gern mache, wie Golf spielen, Liebe machen und ein Buch lesen (nicht notwendigerweise in dieser Reihenfolge). Und dann machte ich etwas – ich tat sie nicht!

Aber gehen wir schrittweise vor – auf ein Ziel zu. Ich möchte, dass Sie erkennen, dass Sie alles, was Sie tun – und alles, was Sie nicht tun – aus einem bestimmten Grund machen. Der Grund, weshalb Sie sich so verhalten, liegt darin, dass Sie – warum auch immer – glauben, es sei besser, das zu tun, was Sie tun, und es sei besser, das nicht zu tun, was Sie nicht tun. (Können Sie mir folgen?)

Wenn ich Ihnen nun sagen würde, Sie sollten hinausgehen und anfangen, die Dinge zu realisieren, die Sie gern machen (aber bisher vermieden haben), was würden Sie tun? Wahrscheinlich würden Sie sagen: „Eines Tages schaffe ich es schon" – und sich weiterhin so verhalten, wie Sie es immer getan haben, diese Dinge also nicht tun.

Deshalb sage ich Ihnen Folgendes: Nachdem Sie diese Dinge, die Sie wirklich gern tun, aufgeschrieben haben, dürfen Sie diesen Dingen auf keinen Fall nachgehen.

Das ist richtig. Ich sagte: Tun Sie es nicht.

Kommt Ihnen das seltsam vor? Was denken Sie jetzt?

Denken Sie jetzt so etwas wie: „Für wen hält sich der Kerl, mir zu sagen, dass ich nicht tun soll, was ich gern tue? Dem zeig ich's – ich mache mich jetzt auf und tue es."

Ist Ihnen aufgefallen, dass in dem Moment, als ich sagte, Sie könnten sich nicht aufmachen und die Dinge tun, die Sie gern machen, Sie sich unverzüglich ihrer *beraubt* fühlten – selbst wenn Sie sie bis vor wenigen Minuten gar nicht taten? Erstaunt es Sie nicht, dass Sie diese Dinge um alles in der Welt umsetzen wollen, wenn Ihnen jemand sagt, Sie könnten sie nicht realisieren, aber an eine Umsetzung nicht denken, wenn Sie sich dies selbst einreden?

In dem Augenblick, als ich Ihnen sagte, Sie könnten sich nicht aufmachen und sie tun, sagten Sie zu sich selbst: „Hey, warum sollte ich davon ausgeschlossen sein? Ich verdiene sie genauso sehr wie jeder andere auch! Warum um alles in der Welt sollte ich sie nicht haben dürfen?"

Es gibt überhaupt keinen Grund, warum Sie das, was Ihnen Freude bereitet, nicht haben sollten! Überhaupt keinen.

Erkennen Sie allmählich, was da abläuft? Sie haben sich einzig und allein selbst der Dinge, die Sie genießen, beraubt. Aber wenn ein anderer versucht, sie davon auszuschließen, gehen Sie auf die Palme und sagen: „Gib das wieder her!“

Ja! Ich will, dass Sie sich genau so in Bezug auf sich selbst fühlen. Der Kernpunkt ist, dass Sie nur das Beste verdienen. Sie verdienen es, sich zu amüsieren und Spass zu haben. Und es besteht für Sie überhaupt kein Grund, sich der Dinge, die Ihnen Freude bereiten, zu berauben.

Oh, oh. Ich hörte wohl gerade einige von Ihnen einwenden: „Aber Sie verstehen nicht ... Ich habe nicht das Geld ... oder die Zeit ... oder kenne niemanden, der mir helfen könnte, die Dinge, die ich will, zu bekommen ...“

Warten Sie eine Minute. Hatten wir das nicht eben? Erinnern Sie sich nicht mehr, dass ich meinte, Sie dürften nicht losgehen und das, was Sie tun wollen, machen? Dass Sie sicher gehen sollten, dass Sie sich heute nicht amüsieren oder sich über Ihre Leistungen freuen dürfen?

Ihr Einwand: „Für wen hält der sich eigentlich, mir zu sagen, dass ich nicht haben soll, was ich will, oder meine Leistungen nicht anerkennen soll!“

Volltreffer! Ja, für wen halte ich mich denn?

Erkennen Sie, was hier passiert? Dies ist das ewige Paradoxon der menschlichen Natur: Wir halten uns etwas bis zum bitteren Ende vor, aber wenn ein anderer versucht, uns etwas vorzuenthalten, was wir bekommen haben oder wollen, kämpfen wir wie die Löwen, um es zu bekommen oder zu behalten. Man kann es mit Folgendem vergleichen: Sie selbst dürfen sich über Ihre Familie lustig machen, aber wehe jemand anderer versucht dies!

Verstehen Sie allmählich, auf was ich hinaus will?

Der Kernpunkt ist, ich will, dass Sie sich alle Arten anschauen, auf die Sie sich selbst etwas versagt haben, und dann dieses Spielchen mit sich selbst spielen: Geben Sie vor, jemand erzählte Ihnen, Sie könnten dies nicht haben oder tun. Was würden Sie dann machen?

Wenn Sie mir ähneln, wären Sie sofort auf 180 und würden sagen: „Hey, für wen halten Sie sich eigentlich? Wenn ich das will, dann kriege ich es auch ... und zwar auf der Stelle!"

Ich habe praktisch einen Beruf daraus gemacht, das zu tun, was andere mir verbieten wollten – selbst wenn sie es mir nie ins Gesicht sagten und selbst wenn ich der Einzige war, der meinte, dass es nicht gemacht werden könne.

Ich lade Sie ein, aus meinen Fehlern zu lernen und mit dem Versuch aufzuhören, sich dazu zu bringen, etwas zu tun, womit Sie sich nicht wohl fühlen. Wenn Sie auch nur annähernd so stur sind wie ich, schlummert etwas in Ihnen, das Ihnen sagt, dass Sie es tun können, wenn andere Ihnen das Gegenteil erzählen. (Auf die meisten meiner Klienten und Seminarteilnehmer passt diese Beschreibung.) Spielen Sie folgendes Spiel mit sich:

Schließen Sie eine Wette mit sich selbst ab, dass Sie etwas, an dem Sie wirklich Freude haben, nicht zweimal am Tag tun können, einmal am Morgen, einmal am Abend oder Nachmittag. Oder setzen Sie darauf, dass Ihnen nicht einmal drei Dinge einfallen, die Sie gern machen! Wetten Sie darauf, dass Sie sich an Ihren Leistungen überhaupt nicht erfreuen können. Wenn Sie jedoch bereits mehr als fünf Dinge entdeckt haben, die Sie wirklich gern machen, schließen Sie eine Wette gegen sich ab, die besagt: „Ich wette, du kommst nicht einmal zu zwei davon in einer Woche." Und dann achten Sie einmal darauf, wie lang es dauert, bis Sie alle fünf schaffen!

Der Witz bei der Schritt-für-Schritt-Methode liegt darin, sich nicht noch durch etwas Zusätzliches zu stressen, sondern darin, mit der Idee zu spielen, dass wir Opfer von außerhalb unserer Kontrolle liegenden Umständen sind. Meiner Meinung nach haben wir viel mehr Kontrolle über die Ereignisse in unserem Leben, als wir glauben gemacht werden. Es ist allerdings praktisch zu sagen und zu glauben, dass Ereignisse oder Umstände (und sogar Menschen) außerhalb unseres Einflusses uns beherrschen. Auf diese Weise müssen wir keine Verantwortung dafür übernehmen, die Dinge, die uns missfallen, zu verändern. Ich lade Sie ein, sich auf eine andere Taktik zu verlegen: Nutzen Sie Ihre Vorstellungskraft und Ihren Spielsinn, um sich wieder auf das „Pferd des Lebens" zu schwingen und auf ihm zu reiten, so sehr Sie nur können.

Wer weiß? Nach einiger Zeit amüsieren Sie sich womöglich bei dem, was Sie tun.

Im Folgenden untersuchen wir den sechsten Schritt bei der Überwindung der Erfolgsmagersucht.

Kapitel 14

Der sechste Schritt: Lernen Sie, Nein zu sagen

Es fiel mir früher sehr schwer, anderen Menschen gegenüber Nein zu sagen. Weil ich wollte, dass mich alle mochten, hielt ich es für den besten Weg, dies zu erreichen, indem ich versuchte, alles Mögliche für alle zu sein. Wenn mich jemand bat, etwas zu tun, stimmte ich unverzüglich zu, obwohl ich es später oft bereute. Ich sehnte mich so verzweifelt nach der Anerkennung anderer, dass ich schreckliche Angst davor hatte, jemand könne sich über mich ärgern oder wütend auf mich sein.

Bei dieser Strategie ergaben sich gleich mehrere Schwierigkeiten. Erstens konnte ich nicht herausfinden, was die anderen jeweils wollten, und dies änderte sich oft von Tag zu Tag; zweitens erschöpfte mich der Versuch, für alle alles Mögliche zu sein, geistig, körperlich und emotional. Und drittens, es funktionierte nicht. Tatsächlich rief dies genau die *gegenteilige* Wirkung dessen, was ich anstrebte, hervor. Nicht nur bekam ich nicht alle dazu, mich zu mögen; ich schaffte es in der Tat, dass sich viele Leute von mir abwandten, weil sie sehen konnten, dass ich ein Ja-Sager war, der versuchte, sich zu dem zu machen, was alle anderen jeweils von ihm erwarteten.

Dies offenbarte sich besonders deutlich in meinen Beziehungen zu Frauen. Ich versuchte so sehr, sie zu beeindrucken, dass ich schlichtweg meine Persönlichkeit veränderte, um jeweils derjenigen zu gefallen, mit der ich gerade zusammen war, und zu versuchen, sie glücklich zu machen. Man muss nicht besonders schlau sein, um zu erkennen, warum diese Strategie so toll funktionierte, die Frauen von mir fern zu halten! Tatsache ist, dass Frauen (und Männer ebenso) es spüren können, wenn jemand nicht wirklich aufrichtig und unverfälscht mit ihnen umgeht. Offen gestanden, sind die meisten von uns ohnehin darauf konditioniert, dem anderen nicht zu vertrauen, so dass uns das Gefühl, der andere sei nicht völlig ehrlich zu uns, nur noch misstrauischer macht.

All dies soll Ihnen helfen, aus meinen Fehlern zu lernen. Ich lade Sie ein, etwas zu lernen, wofür ich fünf Jahre lang brauchte: Lernen Sie, ein Nein zu entgegnen. Was meine ich damit? Ihr Nein zu entdecken bedeutet, dass Sie an den Punkt in Ihrem Leben gelangen müssen, an dem Sie anderen gegenüber Nein sagen können und es auch so meinen. Wie es einer meiner Freunde ausdrückte: „'Nein' ist ein vollständiger Satz."

Warum fällt dies vielen von uns so schwer? Ganz einfach. Wir sind menschliche Wesen, und jedes menschliche Wesen möchte nur drei Dinge: Anerkennung, Aufmerksamkeit und Wertschätzung (siehe Kapitel 16.). Man könnte sagen, dass sich das, was wir alle wirklich wollen, in einem Wort komprimieren lässt: Akzeptanz. Viele von uns stellen das Wort *Nein* mit „Ich mag dich nicht" gleich oder „Ich akzeptiere dich nicht" oder sogar „Du bist ein schlechter Mensch." Ich weiß, dass das vielleicht harsch klingt, aber denken Sie darüber nach: Waren dies nicht einige der Botschaften, die Sie zwischen den Worten heraushörten (andeutungsweise oder unverblümt), als man Ihnen gegenüber in Ihrer Kindheit *Nein* sagte?

Viele von uns würden lieber sterben, als jemand anderem weh zu tun. Weil wir glauben, dass wir die Gefühle anderer verletzen und ihnen Kummer verursachen, wenn wir Nein zu anderen sagen, fühlen wir uns unglaublich schuldig dabei. Meine zwei Antworten auf diese Denkweise lauten:

Erstens, dies zeigt, dass Sie ein sehr mitfühlender Mensch sind.

Zweitens, Sie haben nicht Recht.

Wenn Sie zu jemandem Nein sagen, muss das nicht bedeuten, dass Sie sagen „Ich mag dich nicht" oder „Ich verurteile dich" oder „Du bist ein schlechter Mensch." Bedenken Sie: Wie oft wollen Sie wirklich diese Dinge damit ausdrücken, wenn Sie Nein sagen? Sehr, sehr selten, möchte ich wetten.

Was bedeutet Nein in Wirklichkeit? Nein ist einfach ein Ausdruck der Verweigerung oder der Meinungsverschiedenheit gegenüber dem, was eben dargelegt wurde. Veranschaulichen wir dies an einem Beispiel und führen wir es zu seinem logischen Schluss. Ich möchte, dass Sie über diese Frage nachdenken: Sind Sie sicher, dass Sie wirklich wollen, dass *jeder* Sie mag? Also auch Junkies, Mörder, Gewaltverbrecher? Möchten Sie wirklich, dass diese Leute Sie mögen?

Natürlich nicht, werden Sie sagen. Diese Einschätzung ist Ihnen leicht gefallen. Wir haben gerade eine ganze Menge Leute ausgegrenzt, deren Anerkennung Sie weder wollen noch brauchen. Viele Leute schätzen auch z.B. Geschäftsleute oder Politiker nicht, weil diese bestimmte Pläne verfolgen. Und somit kommen wir zum springenden Punkt: Wir alle verfolgen Pläne.

Wir müssen unter die Oberfläche schauen, auf das, was wirklich in Ihnen und jedem anderen auf der Welt vorgeht. Nehmen wir die Feuerwehrleute, die nicht nur ihr Leben aufs Spiel setzen, um andere zu retten, sondern oft auch ehrenamtlich ihre Zeit opfern und somit nicht einmal Geld dafür bekommen, dass sie das Leben anderer über ihr eigenes stellen. Welche Pläne könnten diese Männer und Frauen denn haben, sagen Sie? Es sind die edelsten und großzügigsten, engagiertesten und nettesten Menschen auf der Welt. In der Tat, das sind sie. Und eben darin sehen wir und sie selbst ihre Aufgabe, ihren Plan.

Um Ihr Nein zu entdecken, müssen Sie vier einfache Schritte befolgen:

1. Entdecken Sie, was Sie wirklich wollen und wer Sie wirklich sind.
2. Bringen Sie dies zum Ausdruck.
3. Lassen Sie andere das Gleiche tun.
4. Entdecken Sie dies immer wieder aufs Neue.

Analysieren wir nun diese Schritte der Reihe nach.

1. Entdecken Sie, was Sie wirklich wollen und wer Sie wirklich sind

Es ist viel, viel leichter, diesen Schritt zu beschreiben, als ihn auszuführen. Praktisch jeder Ratgeber, der je geschrieben wurde, versucht, den Leuten bei der Durchführung dieses Schrittes zu helfen.

Wir erschaffen uns unaufhörlich in jedem Augenblick unserer Existenz wieder neu. Die Herausforderung liegt darin, dass die meisten Menschen nicht erkennen, dass ihre wahre Identität sich ständig im Wandel befindet und sich je nach unseren Träumen, Forderungen und Entscheidungen verändert.

Die leichteste und einfachste mir bekannte Art, herauszufinden, was Sie wirklich wollen und wer Sie wirklich sind, gelingt durch die Vervollständigung folgender Sätze:

1. Wenn ich alles, was ich wollte, tun könnte, würde ich ...
2. Wenn ich derjenige sein könnte, der ich sein wollte, würde ich ...
3. Wenn ich Menschen helfen könnte, würde ich ...
4. Wenn ich mich selbst kennen würde, würde ich ...
5. Wenn ich herausfinde, was ich tun will, werde ich ...
6. Der Sinn meines Lebens ist es zu ...
7. Ich bin hier auf Erden, um zu ...

Tun Sie es. Fangen Sie an. Vervollständigen Sie diese Sätze. Ja, ich meine schriftlich gleich hier und auf der Stelle. Notieren Sie die vervollständigten Sätze in Ihr Erfolgserlaubnis-Tagebuch.

2. Bringen Sie zum Ausdruck, was Sie wirklich wollen und wer Sie wirklich sind

Jetzt kommen wir zum schwierigen Teil. Sie müssen wissen, dass die wahre Herausforderung im Leben nicht darin besteht, zu wissen oder zu entdecken, wer wir wirklich sind. Tatsächlich wissen wir das bereits. Wir vergeuden nur die meiste Zeit damit, dies zu verleugnen!

Wenn Sie heute herumlaufen und beschreiben sollten, wer Sie wirklich sind, was würde passieren? Würden die Leute Sie deswegen auslachen? Sie als verrückt bezeichnen – oder gar Schlimmeres? Dies sind nur beispielhaft ein paar unserer irrationalen Ängste, wenn wir nur in Betracht ziehen, wer wir wirklich sind (unser Authentisches Selbst zu sein) und dies zum Ausdruck zu bringen versuchen. Das Verblüffende ist jedoch, dass überhaupt nichts Besonderes geschieht, wenn wir einfach wir selbst sind. Die Welt geht nicht unter. Die Erde hört nicht auf, sich zu drehen. Die Sonne geht auch weiterhin auf. Das Problem liegt darin, dass wir das einfach nicht glauben.

Haben Sie sich schon einmal gefragt, woher all diese Ängste, unser Authentisches Selbst auszudrücken, herrühren? Die Antwort ist so offensichtlich, dass sie uns häufig entgeht. Den meisten von uns wurde beigebracht, Scham oder Schuldgefühle zu empfinden, wenn sie ihr wahres, Authentisches Selbst zum Ausdruck brachten. Wenn wir glücklich, froh, voller kindlicher Begeisterung und Liebe zur Natur waren, jedem vertrauten, der uns begegnete, und das zum Ausdruck brachten, war dies eine Zeit lang – in der Kindheit – in Ordnung. Langsam, aber sicher wurde uns jedoch beigebracht, dass es nicht richtig sei, jedem zu vertrauen, dass die Welt nicht immer ein sicherer Ort sei, dass andere sich oft über uns lustig machten, wenn wir zu glücklich waren, dass es das Sicherste sei, nett zu sein und nur das zu tun, was die anderen von einem erwarten. Wenn man darüber nachdenkt, verblüfft es einen, dass jemand überhaupt den Mut aufbringt, etwas Kreatives zu tun! Dafür sollten wir nicht die Schuld auf unsere Eltern, Lehrer oder Erzieher schieben. Sie gaben wirklich ihr Bestes und wollten auch nur das Beste für uns. Das Problem besteht darin, dass das, was sie für unser Bestes hielten, vielleicht nicht wirklich unser Bestes war. Wir können erkennen, dass mit der Zeit viele von uns lernten, dass sie einfach einen zu hohen Preis dafür bezahlten, wenn sie wirklich sie selbst waren und dies auch zum Ausdruck brachten.

Der springende Punkt ist, es war schlau von Ihnen, jenen kindlichen Überschwang nicht zum Ausdruck zu bringen und nicht jedem zu vertrauen, dem Sie begegneten. Es war eine gute Entscheidung, zu versuchen, nett zu sein. Es war gut, dass Sie lernten, die Regeln einzuhalten und das zu tun, was andere von Ihnen erwarteten.

Jetzt sind Sie allerdings erwachsen. Sie haben eine Entscheidung zu treffen. Es steht in Ihrer Macht, Ja zu sagen zu dem, was Sie mögen, und Nein zu dem, was Ihnen nicht gefällt. Sie haben lang genug gelitten und gekämpft. Es gibt keine Punkte mehr zu verdienen. Wenn Sie eine Veränderung herbeiführen wollen, warum sparen Sie nicht sich und anderen eine Menge Zeit, Energie und Kummer und lassen sich einfach Sie selbst sein?

Zum Ausdruck zu bringen, wer Sie wirklich sind – Ihr Authentisches Selbst, ist nicht immer einfach. Das Leben scheint allerdings so eingerichtet zu sein, dass der einzige Weg, wie wir unsere wahren Sehnsüchte manifestieren können, darin besteht, dies einfach zu tun, fast als müsse man eine Prüfung des Muts und der inneren Stärke bestehen, damit das Leben seine Belohnungen verteilt.

Es ist für Sie an der Zeit, Ihre Früchte der jahrelangen schweren Arbeit und Mühe zu ernten. Lassen Sie sich erfolgreich sein und die verschwenderische Ernte genießen, die das Leben für Sie bereit hält. Um sich das zu erleichtern, vervollständigen Sie bitte die folgenden Sätze, warum Sie Erfolg verdienen:

1. Ich kann mich jetzt gewinnen lassen, weil ...
2. Ich kann jetzt Nein sagen zu dem, was ich nicht will, weil ...
3. Ich kann jetzt Ja sagen zu dem, was ich will, weil ...
4. Ich kann jetzt die Person sein, die ich sein will, weil ...
5. Ich kann jetzt zulassen, dass ich erfolgreich bin, weil ...
6. Ich darf jetzt Erfolg haben, weil ...

Und jetzt kommen wir zum dritten Schritt:

3. Lassen Sie die anderen sein, wer sie sind, und dies auch zum Ausdruck bringen

Dieser Schritt ist gleichzeitig schwieriger und einfacher als der zweite Schritt. Es fällt uns oft viel leichter, die Einzigartigkeit und Schönheit in einer anderen Person als in uns zu sehen, weil man sich beim Blick in den Spiegel nie so wahrnehmen kann, wie man wirklich ist. Wir können uns immer nur zweidimensional sehen. Andere hingegen können uns in vier Dimensionen wahrnehmen (einschließlich Zeit). Vielleicht hat uns aus diesem Grund die Natur einander geschenkt.

Auf jeden Fall müssen wir auch die anderen ihr Authentisches Selbst sein und dies ausdrücken lassen, wie auch wir wir selbst sein und uns ausdrücken wollen. Jesus wies darauf hin, als er uns erinnerte: „Tut anderen, wie ihr wollt, dass an euch getan werde." Beachten Sie, Sie müssen nicht mit allem übereinstimmen, was ein anderer macht. Sie würden es nicht befürworten, wenn Ihre Kinder Drogen nähmen, oder?

Am einfachsten können Sie mit Hilfe dieser drei simplen Wendungen Ihr Authentisches Selbst ausdrücken:

Was ich für mich selbst will, will ich für andere.
Was ich für mich selbst will, ist ...
Was ich für andere will, ist ...

Vielleicht entdecken Sie beispielsweise, dass das, was Sie wirklich für sich selbst wollen, „glücklich sein" ist oder „Liebe" oder „Frieden erfahren". Vielleicht überrascht Sie auch die Entdeckung, dass dies genau dasselbe ist, was Sie auch für andere wollen. Wenn Sie dies in einem einfachen Satz formulieren, den Sie in Gedanken immer parat haben können, werden Sie sich daran erinnern, dass es sowohl leichter wie auch gleichzeitig schwerer ist, zu sein, wer Sie wirklich sind, als es nicht zu sein. (Dies ist eines der ewigen Paradoxa des menschlichen Lebens: zu sein, wer wir wirklich sind, ist gleichzeitig schwieriger und leichter als alles andere, das wir jemals versuchen werden.)

Der letzte Schritt im Prozess:

4. Entdecken Sie immer wieder aufs Neue, wer Sie wirklich sind

Vergessen Sie nicht, dass Ihr Authentisches Selbst kein statisches Gebilde ist. Es ist kein Punkt, an den Sie gelangen und ausrufen: „Geschafft!" Es ist sowohl ein Prozess als auch ein Ergebnis, eine Reise und ein Bestimmungsort, ein Mittel und ein unaufhörliches Ziel. Es ist etwas, mit dem Sie und ich uns für den Rest unserer Zeit hier auf Erden beschäftigen werden – und vielleicht länger!

Rechnen Sie damit anzukommen, und sich, sowie Sie da sind, zu fragen, ob es das wirklich ist. Wir Menschen gehören zu den ruhelosesten Kreaturen auf Erden. Gestatten Sie sich die Freiheit, zu sein und zu tun, sich zu bewegen und ruhig zu sein, aufzuhören und anzufangen, zu beginnen und zu aufzuhören. Dies sind die Freiheiten des menschlichen Lebens, und sie werden niemandem verweigert, der ernsthaft danach strebt.

Geben Sie sich die Erlaubnis, Nein zu sagen – und das Universum wird mit einem einzigen Wort antworten:

Ja!

Wie sieht der siebte Schritt zur Überwindung der Erfolgsmagersucht aus?

Kapitel 15

Der siebte Schritt: Entdecken Sie Ihr „Weil"

Ihr „Weil" zu entdecken bedeutet, Ihre Antwort auf die Frage zu finden: „Was mache ich hier eigentlich?" Im Vergleich mit dieser Frage sind alle anderen, die wir bisher gestellt haben, relativ bedeutungslos.

Ihr Weil zu entdecken entspringt unmittelbar dem Entdecken Ihres Neins (worüber wir im vorigen Kapitel sprachen). Deshalb ist es sehr schwierig, sein Nein zu finden, wenn man noch nicht sein Weil entdeckt hat. Umgekehrt ist es kinderleicht, sein Nein zu entdecken, wenn man erst einmal sein Weil gefunden hat.

Was will ich damit sagen? Ich möchte dies an einem anschaulichen Beispiel aus meinem Leben illustrieren.

An dem Abend, an dem ich Erfolgsmagersucht entdeckte, erkannte ich, dass ich nach jahrelanger schmerzhafter Suche endlich meinen Lebenssinn gefunden hatte. Ich wusste auf der Stelle, dass es Millionen von Menschen gibt, die sich in puncto Erfolg aushungern – und genau das machen, was ich getan hatte –, aber überhaupt nicht ahnen, was da abläuft. Ich wusste auch, dass mir gerade die Information gegeben worden war, die Tausenden von Menschen bei der Bewältigung dieses Problems helfen würde.

Erkennen Sie, auf welch positive Weise dies mein Leben beeinflusste?

Als Resultat dieses Ereignisses hat sich ergeben, dass ich jede Entscheidung, die ich seither traf, durch folgende Frage auf Stichhaltigkeit überprüfte: „Entspricht dies meinem Lebenssinn und dem Grund, weshalb ich auf der Welt bin?"

Wenn Sie beispielsweise eine Entscheidung darüber treffen müssen, wie Sie Ihre Zeit verbringen, müssen Sie sich also lediglich fragen: „Würde mir dies bei ... helfen (was auch immer Ihren Sinn des Lebens ausmacht)?"

Man könnte auch fragen: „Wird mir diese Aktivität (was immer ich zu tun in Betracht ziehe) dabei helfen, meine Verpflichtung den Menschen gegenüber zu erfüllen, die mich brauchen?"

Diese Arten von Fragen entlocken Ihnen die Antworten, die Ihnen verraten, ob das, was Sie zu tun gedenken, sich in Übereinstimmung mit Ihrem wahren Sinn befindet oder nicht.

Denken Sie darüber nach. Wenn Sie wüssten, dass Ihre heutigen Handlungen Menschen betreffen würden – Hunderte, gar Tausende von Menschen nachfolgender Generationen –, wie würde das Ihre Denkweise in Bezug auf das beeinflussen, was Sie tun werden?

Wenn wir wissen, dass unsere Entscheidungen sich auf andere Menschen auswirken, vereinfacht dies ironischerweise in der Tat unseren Entscheidungsfindungsprozess. Ich habe durch schmerzvolle Erfahrung gelernt, dass dann, wenn ich spüre, dass nichts von dem, was ich tue, von Bedeutung ist, meine Fähigkeit, Entscheidungen zu fällen, abnimmt und ich beginne, mir Fragen zu stellen wie: "Was soll das überhaupt?"

Ich bin fest davon überzeugt – und dies belegt auch meine Erfahrung mit Seminarteilnehmern auf der ganzen Welt –, dass die meisten Leute wissen, was zu tun ist, dass sie bereits über alle Gaben, die sie brauchen könnten, verfügen – aber dass sie sich weigern, sich vorwärts zu bewegen, weil „es nicht der richtige Zeitpunkt ist" oder „ich zu gut dafür bin" oder, wenn sie es denn wirklich zugeben würden, „weil ich Angst habe".

Bitte hören Sie auf, sich und dem Rest der Welt dies anzutun. Haben Sie erkannt, dass Sie, indem Sie Ihr Authentisches Selbst nicht zum Ausdruck bringen, anderen nicht nur nicht helfen, sondern sie regelrecht verletzen?

Lassen Sie mich das erklären. Ich möchte diesen Teil des Buches mit einer Erläuterung dessen schließen, was für mein Leben und das meiner Seminarteilnehmer Wunder bewirkt hat. Wenn Sie sonst nichts aus diesem Buch mitnehmen, so hätte ich doch gern, dass Sie diese Illustration mitnehmen, damit sie Ihnen für den Rest Ihres Lebens dabei hilft, sich zu gestatten, erfolgreich zu sein.

Stellen Sie sich vor, Sie stehen im größten Speisesaal der Welt. Er ist so riesig, dass jeder Mensch auf der Welt hineinpasst. Sie schauen sich um und bemerken, dass vor Ihnen der weltgrößte

Buffettisch steht. Er reicht unheimlich weit, von einem Ende dieses unvorstellbar großen Speisesaales bis zum anderen.

Auf diesem riesigen Büffettisch wird alles Essen der Welt dargeboten, die saftigste, köstlichste Nahrung, die Sie sich vorstellen können. Sie schauen sich noch einmal um und bemerken, dass sich um den Tisch herum alle Mensch auf Erden befinden. Dieser Büffettisch ernährt die Welt. Die Reihe der Menschen reicht so weit, Sie sehen können.

Während Sie diese Szene beobachten, fällt Ihnen auf, dass keiner isst, obwohl alle offensichtlich hungrig, manche gar am Verhungern sind. Die Reihe bewegt sich nicht. Sie drehen sich um und entdecken, dass Tausende von Menschen warten.

„Worauf warten sie?" fragen Sie sich. Und dann trifft Sie die Erkenntnis.

Sie warten auf Sie.

Es gibt eine göttliche Ordnung im Universum. Ordnung ist das erste himmlische Gesetz.

Wenn Sie und ich uns nicht „essen lassen" – das heißt sich nicht der Gaben bedienen, die das Leben hier auf Erden für uns bereit hält –, tun wir nicht nur uns selbst weh, sondern auch anderen.

Erinnern Sie sich an Jimmy Stewarts Rolle in *Ist das Leben nicht schön?* Erinnern Sie sich noch, was passiert wäre, wenn dieser eine Mensch nicht geboren worden wäre? Glauben Sie im Ernst, Sie unterscheiden sich in irgendeiner Weise von ihm?

Es mag wahr sein, dass im großartigen Lebensplan des Universums unsere Existenz auf diesem unserem winzigen blaugrünen Planeten nicht viel bedeuten mag. Vielleicht bedeutet sie überhaupt nichts.

Aber sie ist alles, was wir haben.

Erlauben Sie sich jetzt zu essen?

Teil IV

Schlussgedanken über Erfolg

Kapitel 16

Die drei Gründe für alles menschliche Versagen und wie man sie vermeidet

Versagen. Was für ein schreckliches Wort.

Mir fällt kein Gefühl ein, das ich weniger ausstehen kann als die Überzeugung, versagt zu haben. Vielleicht beschäftigte ich mich deshalb schon so lange Zeit mit den Ursachen des Erfolges. Ironischerweise führt jedoch die Beschäftigung mit einer Sache unausweichlich zur Beschäftigung mit ihrem Gegenteil.

Eines Tages dämmerte es mir plötzlich, dass man all die anscheinend unzähligen Gründe, aus denen Menschen versagen, auf lediglich drei komprimieren kann. Ich nenne sie die drei Ursachen alles menschlichen Versagens.

Es folgt eine kurze Liste, wer oder was diese Ursachen nicht sind:

- Eltern
- Lehrer
- Geschwister
- Die Regierung
- Hohe Steuern
- Wo wir aufwuchsen
- Wie wir aufwuchsen
- Unsere Hautfarbe
- Unser Geschlecht
- Unser Alter
- Unsere Größe
- Unser Gewicht
- Wir selbst

Beachten Sie bitte wiederum, ich sagte, dass dies alles nicht menschliches Versagen verursacht. (Hoffentlich habe ich das deutlich genug betont.)

Ich erkannte Folgendes: Obwohl wir die Schuld für unsere Erfolglosigkeit auf alle der genannten Punkte schieben können, gibt es in Wirklichkeit nur drei Gründe für alles menschliche Versagen. Diese sind:

- Angst
- Ignoranz
- Entropie

Jedes Problem, mit dem sich menschliche Wesen konfrontiert sehen – jeder Krieg, jede Meinungsverschiedenheit, jeder Rechtsstreit oder jede Auseinandersetzung lässt sich auf eine dieser drei grundlegenden Ursachen oder eine Kombination davon zurückführen: Angst, Ignoranz, Entropie. Untersuchen wir diese der Reihe nach und finden wir dann heraus, wie man jede von ihnen vermeiden (oder zumindest überwinden) kann.

Angst

Angst ist öfter die Ursache menschlichen Versagens als jeder der beiden anderen Faktoren. Sie löst vielleicht sogar die beiden anderen aus. Deshalb besprechen wir sie eingehender als die beiden anderen zusammen genommen.

Was ist Angst? Angst beschreibt *einfach die Vorahnung oder die Erwartung von Schmerz.*

Folgende Botschaft sollten Sie nach dem Willen des Negativen Spiegelbildes nicht kennen: Wir brauchen uns vor der Angst nicht zu fürchten! Angst ist ein wundervolles Paradoxon. Angst kann nur dann irgendeine Macht über uns ausüben, wenn wir vor ihr weglaufen, sie verleugnen oder zu vermeiden versuchen – anders ausgedrückt, wenn wir Angst vor der Angst haben.

Angst ist schlicht und einfach eine Botschaft von uns an uns, die im Wesentlichen Folgendes besagt: „Hey! Was du auch zu tun in Erwägung ziehst, ich glaube, dass es mir Schmerzen verursachen wird ... Also tu's nicht, ja?“

Angst ist nichts, weswegen man sich schämen, schlecht fühlen oder wovor man Angst haben müsste. Das Negative Spiegelbild wird versuchen, einen dazu zu bringen, sich schon für das Gefühl, geschweige denn das Eingeständnis, dass er beziehungsweise sie

Angst hat oder sich fürchtet, zu schämen. Dies scheint insbesondere auf Männer zuzutreffen, denen beigebracht wurde, dass Angstempfinden unmännlich, ein Zeichen von Schwäche oder weibisch sei. Natürlich schämen sich auch viele Frauen für ihre Angstgefühle.

Die Vertreter beider Geschlechter müssen sich daran erinnern, dass Angst eine natürliche, normale und gesunde Reaktion auf den Gedanken ist, etwas zu tun, was unseres Erachtens nach uns oder anderen verstärkt Schmerz verursachen könnte. Deshalb ist Angst schlichtweg eine biologische Botschaft, die die Natur aus einem sehr simplen Grund geschaffen hat: um uns zu schützen. Sie ist nichts, weswegen wir uns schämen müssten. Paradoxerweise nimmt allein das Eingeständnis unserer Angst uns oder anderen gegenüber ihr ihre Macht. Angst kann uns nur dann beherrschen, wenn wir vorzugeben versuchen, es gäbe sie nicht.

Nach meiner Entdeckung der Erfolgsmagersucht begann ich beispielsweise mit dem Gedanken zu spielen, in der *Oprah-Winfrey-Show* aufzutreten, weil ich Oprah Winfrey persönlich und beruflich überaus bewundere und schätze. Sie ist eine brillante Karrierefrau, die ohne fremde Hilfe viele Amerikaner wieder zum Lesen inspiriert hat. Der Auftritt in ihrer Show würde allerdings eindeutig mein Leben auf eine Weise verändern, die ich nicht vorhersehen konnte, weil dadurch Millionen von Menschen auf der Stelle etwas über Erfolgsmagersucht erfahren würden sowie darüber, wie ich mit davon Betroffenen arbeite, um ihnen bei der Überwindung der Erfolgsmagersucht zu helfen.

Ich begann, mich allmählich wirklich zu fragen, warum ich Angst bekam bei dem Gedanken, etwas zu bekommen, was ich wirklich wollte, nämlich die Chance, in der *Oprah-Winfrey-Show* aufzutreten und Millionen von Menschen die Gelegenheit zu geben, davon zu erfahren, wie sie ihr Leben entscheidend verbessern könnten. Ich merkte allmählich, dass ich glaubte, mein Auftritt in der Show würde das Ende meiner alten Lebensweise bedeuten (also meiner Anonymität) und der Beginn eines Lebens, mit dem ich nicht viel Erfahrung habe (bekannt, vielleicht sogar berühmt zu sein). Deshalb verspürte ich Angst.

Schließlich erkannte ich, dass dies einfach eine Botschaft von mir an mich selbst war, die besagte: „Hey! Ich weiß nicht, ob ich das will oder nicht! Was, wenn der Auftritt mir mehr Schmerzen verursacht, als ich gegenwärtig verspüre?“ Ich erkannte, dass dieser Satz eigentlich zusammenfasst, was Angst wirklich ist: eine Botschaft von uns an uns, die besagt: „Was, wenn das zu tun mir mehr Schmerzen verursacht, als ich gegenwärtig empfinde?“ (Übrigens befinden wir uns immer auf einem bestimmten Schmerzniveau, das hoch oder niedrig sein kann; es handelt sich nicht um eine Schwarz-oder-Weiß-Situation, also nicht: kein Schmerz oder nur Schmerz.)

Sowie ich erkannte, was Angst wirklich ist, wusste ich, wie ich mit ihr umgehen musste. Ich erkannte, dass ich lediglich die Sicherheit brauchte, dass ich nicht in Gefahr und dass alles in Ordnung sein würde.

Und so kam mir die Idee einer erstaunlich einfachen Technik zur Überwindung der Angst.

Eine Technik zur Überwindung von Angst

Diese Technik ist so erstaunlich einfach, dass sie Ihnen vielleicht fast ein wenig banal vorkommt. Dennoch muss ich erst noch die Situation kennen lernen, in der sie trotz richtiger Anwendung nicht funktioniert. Es bedarf dazu nur dreier einfacher Schritte.

Schritt 1: Wenn Sie Angst verspüren (davor, etwas zu tun), geben Sie es sofort zu

Wenn Sie das nächste Mal Angst davor verspüren, etwas zu tun, ob es nun der Griff zum Telefonhörer, um jemanden anzurufen, die Kündigung Ihres Arbeitsplatzes oder die Gründung eines Unternehmens ist, müssen Sie sich selbst gegenüber zuerst zugeben, dass Sie diese Angst wahrnehmen. Genau hierbei lassen sich die meisten Leute von der Angst besiegen, weil ihrer Überzeugung nach das Verleugnen der Angst irgendwie bewirkt, dass sie auf magische Weise verschwindet.

Es sollte Sie nicht überraschen, dass das genaue Gegenteil zutrifft. Angst ist wie ein Mensch, der an Ihre Tür pocht und Ihre Aufmerksamkeit fordert. Wenn Sie ihn ignorieren, poltert er nur um so lauter. Dann trommelt er einen Haufen Freunde zusammen, damit sie mit ihm zusammen an Ihre Tür donnern. Wenn Sie ihn lang genug zu ignorieren versuchen, wird er Ihnen schließlich die Tür eintreten.

Aus diesem Grund ist es absolut lebenswichtig, dass Sie Ihre Angst in dem Augenblick zugeben, in dem sie in Ihnen aufsteigt. Ich bin mir keines anderen Gefühles bewusst, das wir so gern wie die Angst verleugnen (mit Ausnahme vielleicht von Sehnsucht). Bitte merken Sie sich, dass Sie es nicht allen Ihren Mitmenschen gegenüber ausposaunen müssen, dass Sie Angst verspüren. Die einzige Person, der Sie dies wirklich eingestehen müssen, sind Sie selbst. Allerdings ist es absolut akzeptabel und sogar empfehlenswert, den Leuten, denen Sie vertrauen können, von Ihrer Angst zu erzählen.

Schritt 2: Stellen Sie sich ein Bild und ein Gesicht vor, das Ihre Angst ausdrückt.

Sieht Ihre Angst wie ein großes, grünes Schuppenmonster aus? Wie ein winziges Männchen? Ein Orang-Utan? Ihre Mutter? Ihr Vater? Ihr Bruder oder Ihre Schwester?

Der springende Punkt ist, dass Ihre Angst von irgendwoher kam. Sie haben sie sich nicht einfach ausgedacht. Jede unserer Ängste hat ihre Daseinsberechtigung und hat ihre Grundlage in der Wirklichkeit, genau wie jedes andere unserer Gefühle. Das Problem besteht darin, dass wir dazu neigen, in der Angst gefangen zu bleiben, und zwar aus denselben Gründen, die ich hier darlege. Um Ihre Angst realer zu machen, schlage ich Ihnen deshalb vor, ihr Aussehen herauszufinden. Das hört sich natürlich so an, als stünde diese Aussage im Gegensatz zum gesunden Menschenverstand, weil wir gelernt haben, Angst zu verleugnen und vor ihr zu fliehen. Sie müssen sich lediglich fragen: „Funktioniert das, was ich gegenwärtig mache?“ Sie wissen ebenso gut wie ich, dass Sie fortfahren können, das zu tun, was Sie gerade tun, wenn Sie weiter das bekommen wollen, was Sie derzeit erhalten.

Ich schlage Ihnen eindringlich vor, ein farbiges Bild Ihrer Angst zu malen. (Ich besitze ein Bild namens „Noah beim Händedruck mit seiner Angst“, in dem ich Angst als einen blöden, grünen Dinosaurier zeichnete.) Sie können in das Bild auch mit einbeziehen, in welcher Verbindung Sie zu Ihrer Angst stehen. Gut, Sie haben Ihrer Angst ein Gesicht verliehen. Jetzt sind Sie bereit für den nächsten Schritt:

Schritt 3: Danken Sie Ihrer Angst, dass sie Sie so gut beschützt

Nachdem Sie sich Ihre Angst eingestanden haben und wissen, wie Ihre Angst aussieht, ist es nun an der Zeit, Ihrer Angst zu danken, dass sie sich so toll um Sie kümmert. „Was?!", denken Sie jetzt vielleicht. „Die Angst ist doch das, was mich von dem, was ich tun wollte, abgehalten hat! Die Angst ist der Grund, warum ich in diesem Schlamassel stecke! Und ich soll ihr allen Ernstes dafür danken, dass sie sich toll um mich kümmert?"

Sie haben es erfasst.

Angst ähnelt den Bremsen Ihres Autos. Es mag Spaß machen, überall da hin zufahren, wohin wir wollen, ohne anhalten zu müssen, aber die Straßenverkehrsregeln und die Tatsachen des Lebens erfordern es, dass wir hin und wieder langsamer fahren und bisweilen sogar anhalten müssen (manchmal sehr schnell). Wir bekommen jedoch Probleme, wenn wir ständig mit einem Fuß auf der Bremse und dem anderen auf dem Gas fahren.

Ihren Fuß von der Bremse zu nehmen heißt anzuerkennen, dass die Angst in der Tat gute Arbeit geleistet hat, Sie vor dem zu schützen, was Ihnen Ihrer Meinung nach Schmerzen bereiten würde. Beispielsweise glaubte ich, dass – falls ich mit einer Frau, die ich mochte, eine Beziehung eingehen würde – sie mich verlassen würde. Wann immer ich eine attraktive Frau sah, bekam ich es deshalb natürlich mit der Angst zu tun. Ich brauchte Jahre, um zu erkennen, warum ich Angst empfand, wenn ich einer schönen, ungebundenen Frau begegnete, zu der ich mich hingezogen fühlte.

Es war nicht eben ein Vergnügen, durch all diese Jahre der Qualen hindurch zu müssen, um herauszufinden, was ich Ihnen gerade erzählte. Als ich die Erkenntnis gewonnen hatte, musste ich jedoch endlich zugeben, dass meine Angst mich auf erstaunlich gute Weise vor einer Situation geschützt hatte, die mich meiner Überzeugung nach hätte verletzen können: mit anderen Worten, dass jemand, den ich liebte, mich verließ.

Der Trick zur Überwindung der Angst besteht deshalb einfach in der Anerkennung dessen, dass sie es toll geschafft hat, Sie vor dem zu schützen, was Ihnen Ihrer Überzeugung nach Schaden verursachen würde. Um einen früheren Vergleich aufzugreifen: Wenn der kleine Typ anfängt, gegen die Tür zu donnern, warten Sie nicht, bis er alle seine Freunde zusammentrommelt und Ihnen die Tür einschlägt. Öffnen Sie ihm die Tür und laden Sie ihn zum

Tee ein. Sie werden überrascht sein, wie schnell aus diesem Tiger eine Schmusekatze wird, wenn Sie einfach seinen Worten lauschen und ihm für seine Anregungen danken.

Wenn Sie Ihre Angst zum Tee einladen, sagen Sie einfach etwa Folgendes zu ihr (laut, indem Sie die Worte aufschreiben oder nur im Geiste):

„Ach, guten Tag! Sie sind es, Angst. Ich freue mich sehr, dass Sie gekommen sind! Herzlichen Dank, dass Sie mich beschützen und vor Schaden bewahren wollen. Sie leisten so tolle Arbeit, Sie versuchen, mich vor Dingen zu bewahren, die noch nicht einmal eingetreten sind!“

„Worum Sie, Angst, mich also wirklich bitten“, können Sie fortfahren, „ist: ‚Wird das, was zu tun ich gerade erwäge, mir mehr Schmerzen verursachen, als ich gegenwärtig verspüre?‘ Nun gut, Angst, ich muss es Ihnen gestehen, ich weiß ehrlich nicht, ob diese Handlung (was auch immer es ist) mir mehr Schmerzen bereiten wird, als ich gegenwärtig habe.“

„Aber wissen Sie was, Angst?“, können Sie sagen. „Ich muss das wirklich selbst herausfinden. Ich habe viele Freunde, die mir bei jedem möglichen Schmerz beistehen werden. Also nochmals vielen Dank für Ihre Anregungen. Bis später!“

Und das wär's dann, wie man so sagt.

Sie haben gerade der Angst all ihre Macht genommen – indem Sie einfach ihre Existenz anerkennen und ihr für den Versuch danken, Sie vor Dingen, die noch nicht einmal passiert sind, schützen zu wollen. Sie können sich die Angst auch als kleines Kind vorstellen, das an Ihren Hosenbeinen zupft, um Ihre Aufmerksamkeit auf sich zu lenken. Wenn Sie das Kind zu ignorieren versuchen, wird es nur umso hartnäckiger. Wenn Sie die eben beschriebene erstaunlich einfache Technik anwenden, ist es, als würden Sie einem kleinen Kind ein Stück Schokolade reichen.

Wenn Sie das nächste Mal dieses Ihnen als Angst bekannte alte Gefühl verspüren, befolgen Sie die oben dargelegten Schritte. Mir gefällt das Bild, wie ich mich mit meiner Angst zu einer Tasse Tee zusammensetze. (Sie müssen nicht eben versessen darauf sein, dies zu tun, aber es hilft tatsächlich.) Erzählen Sie Ihrer Angst, was Sie zu tun gedenken. Beispielsweise, wenn Sie Folgendes in Erwägung ziehen:

- in einer Fernseh-Show aufzutreten;
- erfolgreicher zu sein, als Sie derzeit sind;
- vor einer Gruppe von Leuten zu sprechen;
- jemanden anzurufen, mit dem Sie ausgehen möchten;
- jemanden anzurufen, den Sie nicht kennen;
- zu einem Vorstellungsgespräch zu gehen;
- irgendetwas Neues auszuprobieren,

sollten Sie anerkennen, dass es absolut berechtigt ist, wenn Sie Angst haben, weil Sie etwas Ungewohntes ausprobieren. Es ist nur folgerichtig, dass das Ausprobieren von etwas Neuem Ihnen mehr Schmerzen verursachen könnte, als Sie gegenwärtig verspüren. Ist es also nicht etwa sinnvoll, dass Sie eine Botschaft von sich empfangen, die besagt: „Hey! Ich weiß nicht, ob ich das tun will oder nicht! Was, wenn dies mir mehr Schmerzen verursacht, als ich gegenwärtig habe?“

Deshalb müssen Sie lediglich zu Ihrer Angst sagen: „Ach, hallo, Angst, wie geht's denn? Danke, dass Sie mich vor Schaden zu bewahren versuchen; ich weiß das wirklich zu schätzen. Übrigens haben Sie Recht: Etwas Ungewohntes zu tun kann mir tatsächlich mehr Schmerzen bereiten, als ich gegenwärtig habe. Aber es könnte auch bedeuten, dass ich weniger Schmerzen verspüre, als ich gegenwärtig habe. Wie wäre es, wenn wir dies gemeinsam herausfinden würden?“

Auf diese Weise können Sie Ihre Angst von Ihrer ärgsten Feindin zu einer Ihrer engsten Freundinnen machen und sie so nutzen, wie es die Natur beabsichtigte – als unseren größten inneren Schutzmechanismus gegen möglichen Schaden. (Weitere Informationen, wie Sie Ihre Angst von einer Feindin in eine Freundin umwandeln können, lesen Sie bitte in Gavin De Beckers ausgezeichnetem Buch *The Gift of Fear* nach.)

Ignoranz

Das Wort Ignoranz kommt aus dem Lateinischen und bedeutet „wir wissen es nicht“. Es bedeutet „sich nicht bewusst oder nicht informiert sein“. Ignoranz in diesem Sinn heißt nicht, ungebildet zu sein. Die Ignoranz, die Versagen verursacht, ist das, was wir für etwas halten, was es nicht ist. Anders gesagt, Ignoranz repräsentiert das, was wir über uns, andere Menschen und das Universum zu wissen glauben, was aber nicht durch Fakten oder die Wahrheit belegt ist. (Wie Will Rogers einmal sagte: „Man kommt nicht durch das, was man weiß, in die Bredouille, sondern durch das, was man weiß, was aber nicht so ist.")

Wir alle glauben, etwas über alles und jeden im Universum zu wissen. Wenn ich beispielsweise der Meinung bin, dass Bäume schlecht seien, handle ich so, als ob diese Überzeugung stimmen würde. Nur weil ich glaube, dass dies stimmt, heißt das nicht, dass es wahr ist. Meine Handlungen werden jedoch dergestalt sein, dass ich es für wahr halte – bis und sofern ich nicht meine Einstellung zu Bäumen ändere, werden mich keine noch so vielen Fakten umstimmen. (Wie einmal jemand sagte: „Verwirre mich doch nicht mit Fakten.")

Wenn die tiefsten Überzeugungen einer Person vom Negativen Spiegelbild kommen, wie im Fall eines Erfolgsmagersüchtigen, muss das, was diese Person von sich glaubt, überhaupt nicht durch die Realität oder Wahrheit begründet sein (z.B. ich tauge nichts; alle hassen mich; ich sollte einfach sterben usw.). Bis und sofern nicht diese Personen erfahren, dass sie tatsächlich etwas taugen, dass nicht alle sie hassen und dass sie nicht einfach sterben sollten, werden diese Personen nicht fähig sein, ihre eigenen Erfolge ganz zu akzeptieren oder zu genießen.

Ignoranz ist in diesem Sinne genau wie Angst: Sie kann nur dann Versagen verursachen, wenn wir uns weigern, sie anzuerkennen. Wir können aus der Ignoranz eine unserer besten Lehrmeisterinnen machen, indem wir einfach anerkennen, dass wir nicht alles wissen.

Warum es uns so schwer fällt, um Hilfe zu bitten

Viele Menschen würden lieber sterben, als um Hilfe zu bitten. Die meisten von uns haben in der Schule oder in der Familie nicht gelernt, wie man um Hilfe bittet. In vielen Fällen haben wir gelernt, *nicht* um Hilfe zu bitten. Kommt Ihnen irgendeine der folgenden Botschaften vertraut vor?

- „Sei nicht so egoistisch."
- „Gib Respektspersonen keine frechen Antworten."
- „Weißt du das noch immer nicht?"

- „Kinder sollte man sehen, aber nicht hören."
- „Weil ich deine Mutter bin, darum."

Wir überwinden Ignoranz zunächst, indem wir anerkennen, dass es sie gibt – also, indem wir vor uns und anderen zugeben, dass es etwas gibt, was wir nicht wissen. Zweitens indem wir anerkennen, dass es irgendwo irgendjemanden gibt, der das weiß, was wir wissen sollen. Drittens indem wir um die von uns benötigte Hilfe bitten und dabei der anderen Person das geben, was sie wirklich will.

Was jedes menschliche Wesen wirklich will und wie man es bekommt

Hier ist eine Zusammenfassung all dessen, was Sie jemals über jeden Menschen wissen müssen, dem Sie jemals in Ihrem restlichen Leben begegnen werden: *Jedes menschliche Wesen braucht in Wirklichkeit nur drei Dinge: Anerkennung, Wertschätzung und Aufmerksamkeit.* Natürlich will jedes Individuum dies in unterschiedlichem Ausmaß, und einige brauchen viel, viel mehr von diesen drei Dingen als andere. Allerdings werden Sie nie auf jemanden treffen, der weder Anerkennung, Wertschätzung oder irgendeine andere Form positiver Aufmerksamkeit will. (Das bedeutet übrigens nicht, dass jeder Mensch, dem Sie begegnen, sich wohl dabei fühlt, diese Dinge zu empfangen.)

Ist Ihnen etwas Verblüffendes bezüglich dessen aufgefallen, was jedes menschliche Wesen wirklich will? Es ist alles gratis! Nicht eines dieser Dinge kostet Sie einen Pfennig. Um das alles, was Sie für den Rest Ihres Lebens wollen, zu bekommen, brauchen Sie deshalb lediglich eines zu tun – jedem Menschen, dem Sie begegnen, das zu geben, was er wirklich will: Anerkennung, Wertschätzung und Aufmerksamkeit. Können Sie sich die Welt, in der wir leben, vorstellen, wenn wir alle damit anfingen?

„Wie soll ich das denn machen?", fragen Sie vielleicht. Die meisten Ratgeber vermitteln, dass Sie sich selbst diese Dinge geben müssen, bevor Sie sie anderen Personen geben können. Damit stimme ich, offen gesagt, nicht überein. Es ist fast immer leichter, Anerkennung, Wertschätzung und Aufmerksamkeit anderen als sich selbst zuteil werden zu lassen. Anstatt also herumzusitzen und sich selbst lieben zu wollen, sollten Sie deshalb diese

Liebe Ihren Mitmenschen zukommen lassen. Sie werden entdecken, dass diese simple Tat Ihr eigenes Selbstwertgefühl vergrößert, weil, wie Ralph Waldo Emerson einmal sagte, „es unmöglich ist, einem anderen Menschen Liebe zu schenken, ohne selbst etwas davon abzubekommen".

Rufen Sie Ihren besten Freund/Ihre beste Freundin an und sagen Sie ihm/ihr, wie dankbar Sie sind, dass es ihn/sie in Ihrem Leben gibt. Rufen Sie Ihren Sohn und Ihre Tochter an und sagen Sie ihnen, wie stolz Sie auf sie sind, nicht wegen Ihrer Taten, sondern der Person wegen, die sie sind. Einspruch: Tun Sie dies nur, wenn Sie diese Dinge sagen können und sie auch so meinen. Ihre Worte müssen nicht perfekt gewählt sein. Ihre Botschaft wird klar und deutlich herüberkommen.

Wenn Sie anderen Menschen das gegeben haben, was sie wirklich wollen, wird es zunehmend leichter, um die Hilfe zu bitten, die wir brauchen. Es ist, als hätte jeder von uns einen inneren Hilfe-Sensor, der aufspürt, wenn jemand unserer Hilfe bedarf. Das Problem besteht darin, dass wir oft unsere eigene Hilfsbedürftigkeit zu verleugnen versuchen und dadurch einen Kurzschluss in den Sensoren anderer Menschen verursachen.

Wir können diese Gewohnheit, unsere Hilfsbedürftigkeit zu verleugnen, überwinden, indem wir einfach zugeben, dass wir menschlich und endlich sind und nicht alles wissen. Es ist für einen Menschen weder möglich noch nötig, alle Möglichkeiten zu kennen, ein gesundes oder erfolgreiches Leben zu führen. Deshalb liegt der Weg, Ignoranz zu besiegen, einfach in der Anerkennung ihrer Existenz, im Eingeständnis unserer Wissenslücken und in der Bitte um die von uns benötigte Hilfe. (Leichter gesagt als getan? Das kann ich Ihnen garantieren.)

Entropie

Die dritte Ursache für menschliches Versagen, die Entropie, ist die einzige, die ein Naturprinzip darstellt – also ein Gesetz, das sowohl auf die Natur als auch auf menschliches Verhalten anwendbar ist. Das Gesetz der Entropie besagt, dass alle Dinge dazu neigen, mit der Zeit zu verfallen und in Unordnung zu geraten. (Denken Sie nur mal an Ihr Auto, Ihren Schreibtisch oder Ihren Kleiderschrank.)

Das Wort *Entropie* kommt aus dem Griechischen und bedeutet „im Wandel“. In seinem wesentlichen Sinn bedeutet dieses Gesetz, dass sich alles immer wandelt. Das Wesen des Wandels ist es allerdings, dass sich alles anscheinend auf einen chaotischeren oder unordentlicheren Zustand hin bewegt! Eines der faszinierendsten Dinge an der Entropie ist, dass wir Menschen die einzigen Lebewesen auf Erden sind, die über die Fähigkeit verfügen, die Entropie zu überwinden, weil wir die einzigen Lebewesen sind, die selbst beeinflussen können, wer wir sind, wer wir sein und wohin wir gehen wollen.

Wie überwinden wir die Entropie? Sie müssen lediglich anerkennen, dass die Entropie letztendlich immer die Oberhand behält.

Die Wahrheit über die Entropie zu erkennen ergibt keinen Sinn, wenn Sie dies so begrenzt wie die meisten Menschen tun. Die meisten Leute versuchen die Veränderung mit allen ihnen zur Verfügung stehenden Mitteln zu bekämpfen. Sie wehren sich, sie kämpfen, sie zetteln Streitereien an, sie fordern, das Leben solle so sein, wie sie es wollen – und wundern sich, warum sie jeden Tag um zwei Uhr so erschöpft sind.

Die einzige Konstante des Lebens ist Veränderung. Veränderung bedeutet etwas Neues im Vergleich zu dem in der Vergangenheit Geschehenen. Der Grund, weshalb die Leute so gegen die Veränderungen ankämpfen und sich gegen sie wehren, liegt tatsächlich in der Angst vor der Veränderung, der Angst vor dem Unbekannten, der Angst davor, etwas Neues zu haben, zu tun oder zu bekommen.

Was jedoch viele Leute wirklich verängstigt, ist die Befürchtung, dass sich nichts verändert und dass alles gleich bleibt! Insbesondere Erfolgsmagersüchtige fürchten, dass das pausenlose Sperrfeuer des Negativen Spiegelbildes nie aufhören wird und sie nie frei sein werden.

Sobald meine Seminarteilnehmer erkennen, dass Leben Veränderung ist, neigen sie erstaunlicherweise dazu, lockerzulassen und sich unbefangener zu fühlen. Sie erkennen, dass sie nicht nur gegen sich selbst ankämpften, sondern gegen das eigentliche Wesen des Lebens selbst. Wenn man ihnen zeigt, dass es nicht in ihrer Verantwortung liegt, sich selbst oder das Leben in Ordnung zu bringen, hören sie vielleicht zum ersten Mal von dieser Information. Es bedarf vielleicht einige Wochen oder Monate der Wiederholung, aber allmählich glauben es meine Seminarteilnehmer.

Wir in der Success Clinic folgen einem Leitsatz: „Die Welt wird sich einfach um sich selbst kümmern müssen.“ Damit es dem Leser nicht so erscheint, als würden wir einen Haufen selbstsüchtiger Egoisten heranziehen, erinnern Sie sich bitte daran, dass derjenige, der erfolgsmagersüchtig ist, sich für die gesamte Welt verantwortlich fühlt. Dabei kann es sich schwerlich um das Verhalten eines selbstsüchtigen Menschen handeln.

Offen gestanden, müssen die Seminarteilnehmer daran erinnert (oder zum ersten Mal darüber informiert) werden, dass die Errettung der Welt überhaupt nicht ihre Aufgabe ist. Es ist völlig angemessen, dass wir unseren Seminarteilnehmern erzählen, dass die Welt sich einfach um sich selbst wird kümmern müssen. Wir überwinden die Entropie, indem wir anerkennen, dass sie letztendlich immer gewinnen wird, aber dass wir, solange wir leben, Teilerfolge erzielen können.

Deshalb treiben wir Sport, ernähren uns vernünftig, lesen, schreiben wir und hören wir uns die Erfahrungen anderer an. Andernfalls nimmt die Entropie Besitz von unserem Körper (indem er aus der Form gerät), unserem Verstand (indem er nicht lernen will) und unserem Geist (indem er nicht die wesentlichen Fragen im Leben stellt). Auf diese Weise können Sie die Entropie zu einer guten Freundin machen – indem Sie nicht vergessen, dass sie letztendlich immer gewinnen wird und dass Sie jeden Tag etwas unternehmen sollten, wenigstens einen kleinen Sieg über sie zu erringen.

Ist es nicht verblüffend, dass man die drei Ursachen für alles menschliche Versagen nur dann vermeiden und besiegen kann, wenn man sie sich zu Freunden macht? Mit anderen Worten:

Wir Menschen werden immer Angst vor etwas haben; aber wir müssen nicht vor der Angst Angst haben.

Wir Menschen werden immer etwas nicht wissen: aber wir können herausfinden, was wir wissen müssen, indem wir anderen das geben, was Sie wirklich wollen.

Und obwohl die Entropie letztendlich immer gewinnen wird, können wir heute einen Sieg über sie erringen, indem wir ihre Gegenwart anerkennen und Schritte unternehmen, um ihr gegenzusteuern durch Übungen, die unseren Körper, Verstand und Geist stärken.

Auch wenn wir dies nicht perfekt tun werden – ist es nicht großartig zu wissen, wie man die Ursachen für alles menschliche Versagen überwinden kann?

Was sind die drei einfachen Tatsachen in puncto Erfolg, die fast jeder ignoriert?

Kapitel 17

Drei einfache Tatsachen in Bezug auf Erfolg, die fast jeder ignoriert

Man würde annehmen, dass es beim Gespräch über etwas, das derart intensiv wie Erfolg untersucht und analysiert, aber auch herbeigesehnt wurde, nahezu einmütige Übereinstimmung darüber geben müsse, was es ist und wie man es bekommt. Verblüffenderweise bleibt jedoch ein Anflug von Geheimnis, Unsicherheit und Verwirrung um dieses Etwas, das wir „Erfolg" nennen, bestehen.

Der Grund hierfür ist sowohl einfach wie auch komplex: Viele von uns fühlen sich schlicht nicht erfolgreich. Dennoch werden nur sehr wenige Menschen je zugeben, dass sie sich nicht erfolgreich vorkommen. Die meisten von uns verteidigen ihre Handlungen und Meinungen bis zum Äußersten – obwohl genau diese sie womöglich davon abhalten, das zu bekommen, was sie wollen!

In diesem Kapitel werden wir drei einfache Tatsachen in Bezug auf Erfolg untersuchen, die nahezu jeder ignoriert – und die in der Tat nur wenige Menschen jemals als wahr betrachten werden. Wir werden gleichzeitig die von mir so genannten wichtigsten drei „Erfolgsmythen" zerplatzen lassen – also Überzeugungen in Bezug auf Erfolg, die viele Leute für wahr halten, die aber nicht durch Fakten begründet sind. (Wir könnten 25 oder 100 Mythen in Bezug auf Erfolg untersuchen, aber meines Erachtens werden Sie entdecken, dass diese drei den Großteil an Geheimnis, Unsicherheit und Verwirrung, die hinter diesem „Erfolg" genannten Etwas stecken, abdecken.)

Ehe wir nun diese Erfolgsmythen und die damit in Verbindung stehenden Erfolgsfakten behandeln, rufen wir uns ins Gedächtnis zurück, was ein Faktum ist. Ein *Faktum* ist etwas, das objektiv verifiziert werden kann; etwas mit einer realen, beweisbaren Existenz. Wenn wir von Fakten sprechen, dürfen wir keinesfalls vergessen, wovon wir nicht reden:

Wir sprechen nicht über Meinungen. Das englische Wort für Meinung, *opinion,* stammt aus dem Lateinischen und bedeutet „Annahme“ und ist „eine Überzeugung oder eine Idee, die selbstbewusst vertreten, aber durch keinen direkten Beweis oder Wissen erhärtet wird“. Ich vertrat beispielsweise jahrelang die Meinung, dass „ich nicht zu viel (Erfolg) wollen sollte“. Der Grund, weshalb ich dieser Meinung anhing, war, dass sie eindeutig durch meine Erfahrung gestützt wurde.

Und auf genau diese Weise werden die meisten unserer Meinungen gebildet – durch unsere Erfahrung. Wie Napoleon Hill in *Think and Grow Rich* schreibt, besteht das Problem allerdings nicht darin, dass wir nicht genug wissen, sondern vielmehr in unserer fehlerhaften Erfahrung. Anders ausgedrückt, meine Meinung, dass es für mich nicht in Ordnung sei, sehr erfolgreich zu werden, war überhaupt kein Faktum, obwohl sie durch meine Erfahrung gestützt wurde (durch das, was ich sah und fühlte). Nur weil wir die Meinung vertreten, dass etwas wahr sei, wird daraus noch kein Faktum.

Wenn wir über Fakten sprechen, ist auch nicht von *Überzeugungen* die Rede. Eine Überzeugung ähnelt einer Meinung, insoweit sie gewöhnlich auf unserer Erfahrung beruht. Zum Beispiel waren vor vielen, vielen Jahren die meisten Menschen überzeugt davon, dass die Erde eine Scheibe sei und die Sonne sich um sie drehe. Diese Überzeugung basierte auf Beobachtungen von Naturerscheinungen mittels der zu dieser Zeit den Menschen verfügbaren Messinstrumente – nämlich den Augen. Als allerdings die Menschen Instrumente konstruierten, die das Universum mit größerer Genauigkeit messen konnten, als dies unsere körperlichen Sinne vermögen (also Fernrohre und die Fähigkeit, höhere Mathematik anzuwenden), erwiesen sich diese Überzeugungen als falsch (als nicht mit den beweisbaren Daten oder Fakten zu vereinbaren).

Wenn wir von Fakten sprechen, sprechen wir also von Dingen (Phänomenen, Daten, beobachtbaren Ereignissen), die als objektiv wahr, zutreffend oder korrekt bewiesen werden können. Der Kunstgriff all dessen liegt in einem einzigen Wort: objektiv. Offen gestanden ist es weder Ihnen noch mir möglich, in Bezug auf etwas objektiv zu sein.

Warum? Weil das Wort *objektiv* „unbeeinflusst von Gefühl, Vermutung oder persönlicher Meinung" bedeutet. Mit anderen Worten bedeutet es „ohne Standpunkt". Das ist, als sagte man „nicht menschlich". Wenn wir etwas betrachten, müssen wir einen Blickwinkel oder „Standpunkt" einnehmen, von dem aus wir es betrachten.

Der Kernpunkt ist, wir müssen mit unserer eigenen Meinung nicht mit Fakten übereinstimmen, damit sie wahr, zutreffend oder korrekt sind. Tatsächlich liegt viel von dem, was menschliches Elend verursacht (und oftmals zu menschlichem Versagen führt), in Ignoranz, falscher Anwendung, Fehlkommunikation oder dem Missverständnis von Fakten begründet.

Wenn wir von drei einfachen Fakten in Bezug auf Erfolg sprechen, die nahezu jeder ignoriert, glaube ich deshalb nicht, dass die Darlegung dieser Fakten in irgendeiner Weise die Einstellung von irgendjemandem dazu verändern wird. Ich erwarte, dass viele Leute den unten angeführten Aussagen heftig widersprechen werden. Schön; aber es ist nun mal so, dass es die Fakten einfach gibt. Sie *sind* einfach da. Wir können sie bekämpfen, ignorieren, uns ihrer nicht bewusst sein und versuchen, sie zu verändern – was wir auch wollen.

Aber all unser Kämpfen, Ignorieren und Argumentieren wird nicht dazu führen, dass sich die Sonne um die Erde dreht.

Ganz egal welche Meinungen, Erfahrungen oder Überzeugungen wir vertreten, sie werden deshalb nicht diese drei einfachen Fakten in Bezug auf Erfolg verändern, die nahezu jeder ignoriert:

Fakt 1: Es ist schwieriger zu versagen als Erfolg zu haben.
Fakt 2: Erfolg ist naturgemäß. Das Leben will wirklich, dass wir Erfolg haben, und braucht dies sogar.
Fakt 3: Erfolg heißt, die richtigen Fragen zu stellen und sich zu weigern, die falschen zu stellen.

Wenn diese Fakten wirklich stimmen, müssen sie auch objektiv verifizierbar sein. Weil wir wiederum wissen, dass wahre Objektivität unmöglich ist (weil wahre Objektivität bedeuten würde, „keinen Standpunkt zu haben" – und da wir diese Dinge untersuchen, müssen wir hierfür doch einen Standpunkt haben, nicht wahr?), untersuchen wir diese Fakten so objektiv wie nur irgend möglich. (Beachten Sie: Ich werde die drei Erfolgsmythen zusammen mit den drei Erfolgsfakten auflisten, um eine Diskussion darüber zu vereinfachen.)

Erfolgsmythos 1: Erfolg ist schwierig.
Erfolgsfakt 1: Es ist schwieriger zu versagen, als Erfolg zu haben.

Ich wette, das hat Sie aus Ihrem Stuhl hochgeschreckt!

„Was wollen Sie damit sagen, es ist schwieriger zu versagen als Erfolg zu haben? Ich schufte seit zig Jahren wie ein Irrer und bin noch immer nicht da, wo ich im Leben stehen möchte! Hören Sie mir mal zu, Freundchen, eines will ich Ihnen sagen: Erfolg ist schwer!"

Sehen Sie? Ich habe Ihnen ja gesagt, dass Objektivität ein heikles Thema ist.

In Ordnung. Wenn die Aussage „Es ist schwieriger zu versagen, als Erfolg zu haben" ein Faktum darstellt, muss sie zu beweisen sein. Schauen wir einmal, ob uns das gelingt.

Zuerst einmal ist es wichtig anzumerken, dass, wenn ich von Erfolg spreche, ich nicht einfach über das erste Ding spreche, das den meisten Leuten in den Sinn kommt, wenn wir das Wort „Erfolg" aussprechen – nämlich „Geld". Ich werde Ihnen nicht erzählen, dass Sie nicht schwer arbeiten müssen, um viel Geld zu verdienen. Die meisten von uns müssen ziemlich viel ziemlich lang ziemlich gut machen, ehe sie dorthin gelangen, was wir „viel Geld haben" nennen würden.

Allerdings (und dies ist der Schlüssel) ist der Besitz von viel Geld nie das unmittelbare Ergebnis harter Arbeit. In der Tat bedarf es viel mehr Arbeit und Anstrengung, um Geld (und Erfolg) von uns fern zu halten, als es an uns herankommen zu lassen.

Ich möchte Ihnen dies an einem Beispiel veranschaulichen. Mein Vater ist der am härtesten schuftende Mensch, den ich kenne. Im Vergleich zu meinem Vater war Michelangelo ein Faulpelz. Mein Vater ist Schriftsteller, Maler, Musiker, Graphiker, Konstrukteur, Schauspieler, Regisseur und Produzent – und ging all dem nach, während er für drei sehr lebhafte Kinder und eine Frau zu sorgen hatte.

Mein Vater gründete eine Werbeagentur, in der er im Schnitt 80 bis 100 Stunden pro Woche arbeitete. Ich weiß noch, wie ich ihn als Junge in seinem Büro besuchte. Einschließlich meiner Mutter arbeiteten dort vier Personen, und sie wirkten immer durchaus mit Arbeit eingedeckt und sahen so aus, als würden sie etwas wirklich Gutes kreieren oder entwerfen. Ich kannte mich mit dem Betrieb nicht so recht aus, aber sie waren so beschäftigt, dass ich dachte, alles laufe gut.

Das Problem war, dass mein Vater einen ziemlich skrupellosen Kerl in seine Firma aufnahm, der beschloss, er wolle mehr als seinen ihm zustehenden Anteil aus dem Unternehmen herausholen. Mein Vater vertrat folgende Einstellung, wie er mir Jahre später schilderte: „Ich übernehme den kreativen Teil und du (der andere) den geschäftlichen." Alles klar. Der andere übernahm durchaus den geschäftlichen Teil – und zwar so gründlich, dass nach jahrelangen 100-Stunden-Wochen, in denen mein Vater den Großteil der Kindheit seiner Sprösslinge verpasste, meine Familie pleite war, wir die Hypothek nicht bezahlen konnten und unser Haus verkaufen mussten.

Nun ist die Geschichte meines Vaters vielleicht nicht typisch für das, was sich im Geschäftsleben abspielt, obwohl Derartiges sicherlich nicht selten vorkommt. Der Kernpunkt ist, dass die ganze Schufterei meines Vaters weder finanziellen noch emotionalen Erfolg zeitigte, weil er sich einfach weder die Zeit nahm noch das Interesse aufbrachte, um zu verstehen, was es mit Geld und Menschen wirklich auf sich hat.

Jahre später erzählte mir mein Vater, dass er zu glauben pflegte, wenn er nur ein „netter Kerl" sei, würden die Leute ihm viel Geld für seine Dienste bezahlen wollen. Es sollte Sie nicht überraschen, dass – obwohl mein Vater ein unglaublich begabter Künstler war und ist – die Leute sich nicht eben darum rissen, ihm viel Geld zu bezahlen.

Nachdem mein Vater die erste Ausgabe des Buches, das Sie in Händen halten, gelesen hatte, meinte er überdies zu mir: „Noah, es kam mir vor, als würde ich meine Autobiographie lesen. Ich wünschte, du hättest das vor 20 Jahren geschrieben!" (Furchtbar gern, aber damals war ich erst zwölf.)

Der Kernpunkt ist Folgendes: Es ist aus einem sehr einfachen Grund viel schwieriger, zu versagen, als Erfolg zu haben: Das Leben ist so eingerichtet, dass es in der Tat unmöglich ist, zu versagen. Wir haben immer Erfolg bei dem, was wir wählen.

Diese Aussage mag Ihnen merkwürdig oder unglaublich vorkommen. Aber dies sind die Fakten:

Das Universum wird durch unsere Gedanken, Worte und Handlungen in Bewegung gesetzt. Was wir denken, sagen (glauben) und tun, setzt eine Reihe von Ereignissen in Gang, die die Ergebnisse hervorrufen, die wir in unserem Leben erhalten. Wenn Sie sich also denken: „Ich werde nie erfolgreich sein", sagt das Universum: „In Ordnung". Und Sie sind erfolgreich darin, keinen Erfolg zu haben.

Wenn Sie sich sagen: „Ich werde erfolgreich sein", antwortet das Universum: „In Ordnung". Und Sie tun die Dinge und treffen die Entscheidungen, die zu Erfolg in Ihrem Leben führen. Das Universum ist schlichtweg ein perfekter Spiegel unserer Gedanken, Worte und Handlungen. Wir können unmöglich versagen, weil wir immer präzise und exakt das hervorbringen, wofür wir uns entscheiden.

Der Schlüssel zum Verständnis dessen liegt darin, dass viele von uns Dinge sagen und tun, an die sie nicht notwendigerweise glauben, und wir nicht immer bewusst das wählen, was wir wollen. Stattdessen wählen viele von uns unbewusst das, was sie nicht wollen. Wenn wir dies tun, bewegen wir uns buchstäblich in gegengesetzte Richtungen – indem wir uns einerseits anstrengen, erfolgreich zu sein, und andererseits unbewusst den Erfolg wegstoßen. Dem Universum bleibt keine andere Wahl, als immer unsere Gedanken, Worte und Handlungen zu unterstützen, und so wird uns in einem solchen Fall der Erfolg, wenn wir ihm nahe kommen sollten, sogleich entrissen.

Wir mögen oder können dies vielleicht nicht zugeben, aber die Tatsache bleibt bestehen, dass das Universum unsere wiederholten Gedanken, Worte und Handlungen unterstützt. In der Erkenntnis dieser Wahrheit befürworteten einige der besten Werke der traditionellen Erfolgsliteratur den Einsatz von „Affirmationen", um unsere Gedanken, Worte und Handlungen weg von Selbstzerstörung hin zu Selbstunterstützung zu verändern. In wenigen Augenblicken werde ich Ihnen allerdings etwas zeigen, das Sie womöglich sehr überrascht: ich werde Ihnen zeigen, warum Affirmationen nicht wirklich so wie beabsichtigt funktionieren.

Hierfür werde ich Sie mit einem Verfahren bekannt machen, das ich fast zufällig entdeckte – einen Weg, das zu bekommen, was immer Sie sich auch im Leben wünschen, und zwar mit Hilfe einer Methode, die so unglaublich einfach ist, dass Sie sie bereits einsetzen, ohne es zu wissen.

Aber zuvor betrachten wir noch den zweiten Erfolgsmythos und das zweite Erfolgsfaktum:

Erfolgsmythos 2: Das Leben ist gegen uns, und wir müssen kämpfen und leiden, um voranzukommen.
Erfolgsfakt 2: Erfolg ist naturgemäß, weil das Leben wirklich will, dass wir erfolgreich sind, und dies sogar braucht.

Um dies zu beweisen, wenden wir uns wieder den Fakten zu (vergessen Sie nicht; wir befassen uns hier nicht mit Meinungen oder Überzeugungen, nur mit Fakten).

Menschliche Wesen sind ein Ausdruck des Lebens selbst. Dies wird augenscheinlich durch den Fakt, dass das Leben existiert und nichts außerhalb des Lebens selbst existieren kann. Wenn wir lebendig sind, müssen wir also ein Ausdruck des Lebens selbst sein.

Das Leben drückt sich im Universum durch den Einsatz und die Anwendung von Gesetzen aus. Mit anderen Worten, es sind im Universum keine Auswirkungen ohne eine jeweilige Ursache auszumachen. Dieses Gesetz wird oft als das Gesetz von Ursache und Wirkung bezeichnet, oder wie Emerson es nannte, das Gesetz der Gesetze. Der am häufigsten gebrauchte Ausdruck dieses Gesetzes lautet: Man erntet, was man sät („Wie du säst, so sollst du ernten.“).

Der Sinn des Lebens ist es, sich selbst Ausdruck zu verleihen. Das Leben begünstigt immer die Erweiterung und den volleren Ausdruck seiner selbst. Weil wir Menschen das Leben selbst manifestieren und ausdrücken und der Sinn des Lebens die Erweiterung und den volleren Ausdruck begünstigt, muss das Leben also wollen, dass wir erfolgreich sind, und dies sogar brauchen. Das Leben kann unmöglich gegen sich selbst sein, denn damit würde es gegen sein eigenes Gesetz verstoßen.

Wenn Sie „Erfolg“ haben, wie man so sagt, drücken Sie also in Wirklichkeit mehr davon aus, wer Sie tatsächlich sind, weil Sie ein Ausdruck des Lebens selbst sind, dessen Sinn im Verwirklichen seiner selbst liegt. Wenn Sie also Erfolg haben, *geben Sie in Wirklichkeit anderen Menschen den Mut, das zu sein und auszudrücken, was sie wirklich sind.*

Meinen Sie nicht, das Leben würde wollen, dass Sie mehr davon realisieren?

Sie möchten einen Beweis? Haben Sie jemals eine Geschichte von jemandem gehört, der bei Null anfing, unglaubliche Schwierigkeiten überwand, durchhielt und dann mehr Erfolg als in seinen kühnsten Träumen hatte? Bestimmt wirkt diese Geschichte auf Sie? Hat diese Geschichte Sie nicht inspiriert?

Das Wort *inspirieren* bedeutet wörtlich „einatmen". Wenn wir von jemandem oder etwas inspiriert werden, wird uns also in Wirklichkeit der Mut gegeben, zu atmen, zu sein und mehr von dem auszudrücken, wer wir wirklich sind.

Ergibt es nicht einen Sinn, dass das Leben mehr von dem wollte und sogar brauchte? Wenn der Sinn des Lebens darin besteht, zum Ausdruck gebracht zu werden, meinen Sie nicht, dass das Leben will, dass Sie erfolgreich sind (was immer auch „Erfolg" für Sie bedeutet) – damit das Leben selbst zum Ausdruck gebracht werden kann?

Der Sinn eines Samenkorns ist es, zu wachsen. Der Sinn der Natur ist es, das Wachstum aller Samenkörner zu dem, zu dem sie sich auswachsen, zu unterstützen. Und der Sinn des Lebens ist es, zu sein und mehr von sich auszudrücken, als es jemals gab oder je zum Ausdruck gebracht wurde.

Übrigens ist jedes Werk spiritueller, religiöser oder heiliger Literatur wie auch jedes Werk der Wissenschaft, Kunst und Philosophie schlichtweg ein Ausdruck dieser Sehnsucht des Lebens, sich auszudrücken. Es scheint, wir Menschen bekommen mehr vom Leben zu erkunden und auszudrücken als jede andere Kreatur auf Erden.

Was uns zu dem größten Erfolgsmythos und dem am häufigsten übersehenen, aber einfachsten Erfolgsfakt von allen bringt:

Erfolgsmythos 3: Erfolg heißt, über alle Antworten zu verfügen.
Erfolgsfakt 3: Erfolg heißt, die richtigen Fragen zu stellen und sich zu weigern, die falschen zu stellen.

Angenommen, ich würde Sie bitten, alles aufzulisten, was an Ihnen nicht stimmt, was Ihnen abgeht und was an Ihnen nicht gut genug ist. Wenn Sie so wie die Mehrheit der Leute sind, könnten Sie tagelang Ihre Unzulänglichkeiten anführen. Nehmen wir nun an, ich würde Sie bitten, mir alles zu schildern, was an Ihnen großartig, gut, ausgezeichnet, toll und wundervoll ist. Können Sie zehn Dinge aufzählen, die an Ihnen großartig sind? Den meisten Leuten fallen mit Müh und Not eben mal zwei ein.

Warum sind wir so schnell bei der Hand, unsere Schwächen und Unzulänglichkeiten darzulegen, aber empfinden es als nahezu unmöglich, unsere Stärken, unsere Vorzüge und das, was an uns einfach hervorragend ist, zu benennen?

Um diese Frage zu beantworten, schauen wir auf unsere Erziehung in der Kindheit zurück. Den meisten von uns wurde auf nicht sehr subtile Weise beigebracht, dass es sich nicht schickt, eingebildet zu sein. Die meisten von uns bekamen von wohlmeinenden Eltern und Respektspersonen Botschaften zu hören, die sich etwa so anhörten: „Sei bloß nicht eingebildet ... Niemand kann dich leiden, wenn du zu viel über dich selbst redest ... Für wen hältst du dich eigentlich? ... Werd bloß nicht zu groß für deine Fußstapfen ... Niemand mag Angeber ... Kinder sollte man sehen, aber nicht hören ..."

Es liegt auf der Hand, dass in den meisten Fällen unsere Respektspersonen wirklich das Beste für uns wollten und tatsächlich wünschten, dass wir glücklich sind (das können Sie nun glauben oder auch nicht). Leider waren sich die meisten von ihnen überhaupt nicht der Macht bewusst, mit der ihre Worte auf unser Leben einwirkten. Es ist offensichtlich, dass wir als Kinder unseren Eltern gefallen wollen. Wenn wir also von unseren Eltern Botschaften wie die oben angeführten empfingen, versuchten wir natürlich, keine guten Dinge mehr über uns zu sagen. Das Problem ist leider, dass wir dies *zu sehr* perfektionierten.

Aus diesem Grund können viele von uns als Erwachsene nichts Gutes von sich denken oder gut von sich sprechen. Wir beherrschen es so toll, nichts Gutes von uns zu denken, dass wir nur mit großer Mühe überhaupt noch etwas an uns finden, was in Ordnung ist.

Dies ist auch die Quelle des Negativen Spiegelbildes: der Versuch der Person (unseres Authentischen Selbst), in etwas einen

Sinn zu sehen, das überhaupt keinen Sinn ergibt. Ein Kind beispielsweise sieht und weiß, dass es ein Problem gibt, ein Gefühl des Unglücklichseins oder etwas, das in der Familie „behoben" werden muss. Natürlich versucht das Kind, das zu beheben. Wenn es entdeckt, dass seine Bemühungen das Problem nicht nur nicht lösen, sondern dass andere sich des Problems anscheinend nicht einmal bewusst sind, denkt es so etwas wie: „Wenn ich nur gut genug wäre, könnte ich dieses Problem beheben und alle glücklich machen." Da es jedoch auch bemerkt, dass das Problem anscheinend nicht vergeht, sondern sich oft verschlimmert, lautet die einzig mögliche Schlussfolgerung, zu der es gelangen kann: „Ich bin also zwangsläufig nicht gut genug." Aus diesem Grund ist das Negative Spiegelbild tatsächlich eine logische Antwort auf das, was das Kind von seiner Umgebung spürt – eine Art, in der nicht Sinn habenden Welt des Kindes einen Sinn zu entdecken.

Das Negative Spiegelbild und das verzerrte Selbstbild des Erfolgsmagersüchtigen beruhen – zum Glück für das Opfer – überhaupt nicht auf Fakten, sondern auf den Überzeugungen der Betroffenen.

Das Negative Spiegelbild bombardiert zum Beispiel seine Opfer ständig mit Fragen wie: „Wie konntest du nur so egoistisch sein? ... Für wen hältst du dich eigentlich? ... Warum bist du denn nicht besser, als du bist? ... usw. Aber es gibt eine einfache, im Allgemeinen ignorierte Tatsache in Bezug auf Erfolg, die Ihr Leben schlichtweg für immer verändern kann.

Wenn Sie die Fragen verändern, die Sie sich selbst stellen, bekommen Sie zwangsläufig andere Antworten. Wenn Sie andere Antworten bekommen, erhalten Sie ein anderes Leben.

Eine neue Entdeckung: Die Macht von Afformationen

An einem Frühlingsabend 1997 hörte ich mir eine Cassette eines Redners an, der sagte, dass der menschliche Geist mittels Fragen funktioniert. Er stellte fest, dass der Denkprozess in Wirklichkeit nichts anderes sei als das Stellen und Beantworten von Fragen.

Angenommen, ich fragte Sie zum Beispiel: „Warum ist der Himmel blau?" Was würde geschehen? Es würde passieren, dass Ihr Gehirn sagen würde: „Der Himmel ist blau, weil ..." und dann seine „Datenbank“ für die Antwort auf diese Frage durchsuchen würde. Selbst wenn Sie die Antwort nicht wüssten, würde Ihr Gehirn noch nach einer Antwort zu suchen versuchen. (In diesem Fall käme Ihr Gehirn auf die Antwort: „Ich weiß es nicht“ oder in der Computersprache „Datei nicht gefunden“.)

Beachten Sie bitte, dass unser Gehirn allerdings eines *nicht* kann: nicht zu versuchen, eine Antwort auf die ihm gestellte Frage zu finden. Das heißt, sowie Sie dem menschlichen Gehirn/sich selbst/dem Universum eine Frage stellen, können Sie keinesfalls *nicht* versuchen, die Antwort darauf zu finden. (Das bedeutet nicht notwendigerweise, dass Sie die Antwort finden oder bereits wissen werden; es heißt lediglich, dass Sie keinesfalls *nicht* versuchen können, eine Antwort zu finden, wenn Sie Ihrem Geist ehrlich eine Frage stellen.)

Beim Zuhören, wie der Redner über die Funktionsweise des Gehirns mittels Einsatz von Fragen sprach, fing ich an, über eine Technik nachzudenken, mit der Sie bestimmt vertraut sind: den Einsatz von Affirmationen. Ich bin deshalb sicher, dass Sie davon gehört haben, weil die Vorteile von Affirmationen in nahezu jedem Werk der traditionellen Erfolgsliteratur dargelegt werden. Eine Affirmation ist eine positive Aussage, welche die von uns in unserem Leben gewünschten Dinge hervorrufen soll, indem wir sie wiederholt aufsagen, feststellen, denken oder aufschreiben.

Ich fing an, mir über den Gebrauch von Affirmationen Gedanken zu machen, als ich über die tatsächliche Funktionsweise des Gehirns nachdachte. Auf die Gefahr hin, ein paar Leuten auf die Zehen zu treten – ich erkannte Folgendes: Der Einsatz von Affirmationen funktioniert in Wirklichkeit nicht richtig.

„Was wollen Sie damit sagen?“, höre ich manche von Ihnen ausrufen. „Gründet sich die traditionelle Erfolgsliteratur nicht auf den Einsatz positiver Aussagen, die dazu dienen sollen, ein positives Ergebnis in unserem Leben hervorzurufen?“ Aber sicher.

Kehren wir zu den Fakten zurück, um dieses Argument zu untersuchen. Das menschliche Gehirn funktioniert nach dem einfachen Prinzip, Fragen zu stellen und zu beantworten. (Haben Sie bemerkt, was Ihr Gehirn jetzt gerade macht? Stellt es sich nicht gerade eine Frage wie: „Bist du dir sicher, dass das stimmt?“ „Mache ich das denn wirklich?“ Und was sind das? Fragen!) Offen gestanden ist es dem menschlichen Gehirn unmöglich, *nicht* an dem Prozess des Fragenstellens und der Suche nach einer Antwort darauf beteiligt zu sein.

Nachdem ich diesen Fakt über das menschliche Gehirn gehört hatte – dass Fragen buchstäblich das Funktionssystem des menschlichen Gehirns ausmachen –, stellte ich mir eine sehr einfache Frage (sehen Sie?):

„Wenn das menschliche Gehirn immer am Prozess, Fragen zu stellen und eine Antwort darauf suchen, beteiligt ist und es dem Gehirn buchstäblich unmöglich ist, *nicht* zu versuchen, eine Antwort auf die gestellte Frage zu finden, warum gehen wir dann herum und setzen aufbauende Aussagen ein, um zu versuchen, unser Leben zu verbessern, anstatt aufbauende Fragen einzusetzen?"

Und wissen Sie was? Ich konnte auf diese Frage keine zufrieden stellende Antwort finden.

Ohne es zu wollen – und einzig dadurch, die gerade beschriebenen Fragen zu stellen –, stieß ich auf etwas völlig Neues bei der intensiven Beschäftigung mit Erfolg: den Gebrauch von Afformationen.

Was ist eine Afformation? Und wie unterscheidet sie sich von einer Affirmation?

Eine Afformation ist eine aufbauende Frage, auf die das menschliche Gehirn eine Antwort zu finden versuchen muss. Nachdem ich die Afformationen entdeckt und benannt hatte, erkannte ich, weshalb Affirmationen in Wirklichkeit nicht richtig funktionieren. Sehen Sie, das Gehirn stellt immer Fragen und beantwortet sie, nicht wahr? Das heißt, dass Sie oder ich alle positiven Aussagen (Affirmationen) machen können, die wir wollen; aber wenn wir nicht die Fragen verändert haben, die wir uns stellen, werden unsere Aussagen überhaupt keine Auswirkungen zeitigen.

Sie könnten zum Beispiel herumlaufen und sagen: „Ich bin glücklich, gesund und wohlhabend." Innerlich fragen Sie sich aber womöglich: „Was ist? Wie kommt es, dass ich so unglücklich bin? Warum bin ich noch immer pleite? Warum kriege ich nichts richtig auf die Reihe?" Mit anderen Worten, Ihre affirmative Aussage wird Ihr Leben nicht im Geringsten verändern, wenn Sie sich weiter solche Sie negativ beeinflussenden Fragen stellen.

Können Sie dies nicht durch Ihre eigene Erfahrung bekräftigen? Haben Sie nicht den Einsatz von Affirmationen ausprobiert – von geschriebenen oder gesprochenen positiven Aussagen, die dem Universum eine Antwort entlocken sollten – und waren am Ende frustriert und sogar wütend, weil sich die Aussagen in Wirklichkeit nicht erfüllten?

Das war nicht Ihr Fehler. Der Fehler lag in der von Ihnen eingesetzten Technik. Und selbst das war nicht Ihre Schuld, weil sich bisher nie jemand die Mühe gemacht hatte, Ihnen mitzuteilen, dass der Einsatz von Aussagen nicht annähernd so wirkungsvoll wie das Stellen aufbauender Fragen ist.

Unter dem Strich kommt heraus, dass dem Gehirn gestellte Fragen weitaus wirkungsvoller als Aussagen sind, die dem Gehirn auferlegt werden. Ich überlegte mir deshalb: Warum sollte man nicht die Aussagen überhaupt umgehen und geradewegs zu den Fragen kommen – wenn das Gehirn das ohnehin schon macht?

Für diese Technik prägte ich den Begriff Afformation. Ich ersann den Begriff Afformation ausgehend vom lateinischen *formare,* was so viel heißt wie: „eine Form schaffen oder Form geben“. (Übrigens kommt der Begriff Affirmation vom lateinischen *firmare* und heißt so viel wie „fest machen“. Aber was, wenn wir etwas „in der falschen Form“ „fest machen“?)

Falls Sie meinen, dies sei das Hirnrissigste, was Sie je gehört haben, möchte ich Sie an Folgendes erinnern: Wenn wir eine neue Sichtweise entdecken, müssen wir eine neue Art, darüber zu reden, entwickeln. Vor gar nicht langer Zeit gab es die Begriffe „Internet“, „Software“ usw. noch gar nicht. Diese neuen Wörter und eine Menge anderer wurden gebildet, um neue Wege, nützliche Dinge zu tun, zu beschreiben. Warum sollte es beim Studium des Erfolgs – zweifellos eine nützliche Praktik – anders sein?

Falls Sie noch immer die Glaubwürdigkeit dieser Technik anzweifeln, lassen Sie mich Ihnen ein letztes Faktum darlegen: Sie wenden ohnehin bereits die ganze Zeit Afformationen an. In der Tat ist es Ihnen unmöglich, Afformationen *nicht* einzusetzen.

Denken Sie mal darüber nach. Was stellen Ihrer Meinung nach die Fragen dar: „Warum bist du so dumm?“ oder „Wie konntest du so egoistisch sein?“ oder „Warum möchte mich niemand in seiner Nähe haben?“ oder „Warum bin ich überhaupt geboren?“ oder „Warum stirbst du nicht einfach?“ Sind dies nicht einfach negative Afformationen? Sie sind tatsächlich die Art und Weise des Negativen Spiegelbildes, sich in Ihrem Geist „Form zu geben“. Bitte verstehen Sie, dass Sie und ich und jeder andere Mensch ohnehin die ganze Zeit schon Afformationen einsetzen (meistens negative). Allerdings sind wir uns dieser Tatsache beinahe zu 100 Prozent der Zeit, in der wir dies tun, keineswegs bewusst, und die meisten von uns erkennen nicht, dass die Fragen, die wir uns ständig stellen, tatsächlich das ausmachen, was wir „unser Leben“ nennen.

Aus diesem Grund sind Afformationen umso viel machtvoller und wirksamer als Affirmationen. In der Tat bin ich zutiefst überzeugt, dass eine Affirmation (eine Aussage) nur dann überhaupt funktioniert, wenn sie eine entsprechende Afformation (eine Frage) im Kopf des Betreffenden hervorbringt. Mit anderen Worten, die Aussage „Ich bin glücklich, gesund und wohlhabend“ kann nur dann irgendwelche Veränderungen in Ihrem Leben bewirken, wenn Sie sich die Fragen zu stellen beginnen: „Warum bin ich glücklich? Warum bin ich gesund? Warum bin ich wohlhabend?“

Warum sollten Sie all die Zeit, Mühe und Energie mit dem Gebrauch von Aussagen (die oft ohnehin nicht funktionieren) vergeuden, wenn Ihr Gehirn sie in Fragen umwandeln muss, um so irgendeinen Unterschied in Ihrem Leben zu bewirken? Warum stellen nicht *Sie* die Fragen und lassen Ihr Gehirn das tun, was es bereits tut (und was es gar nicht umhin kann, zu tun)?

Vielleicht möchten Sie noch einmal zurückblättern und diesen Teil ein zweites Mal lesen. Wenn das Verfahren, sich aufbauende Fragen zu stellen, Ihnen „zu leicht“ oder „zu einfach“ erscheint, sind Sie auf der richtigen Spur. Das Anwenden von Afformationen ist in der Tat unglaublich einfach und verblüffend leicht, aus exakt dem Grund, weil Ihr Gehirn sie bereits einsetzt. Die meisten von uns gebrauchen allerdings unbewusst negative Afformationen, statt bewusst positive einzusetzen.

Wenn Sie Afformationen bewusst und positiv einsetzen (indem Sie darüber reflektieren, was Sie in Ihrem Leben wollen, anstatt darüber, was Sie nicht wollen), werden Sie nicht lange auf Resultate warten müssen (wie es bei Affirmationen der Fall ist), weil Afformationen ohnehin bereits Ihr Leben hervorbringen!

Noch einmal, eine Affirmation wird nur dann „haften“ bleiben, wenn Sie die damit einhergehende und ihr zugrunde liegende

Frage (Afformation) verändern. Ich schlage vor, dass Sie die Aussage umgehen und geradewegs zu der Frage kommen. Es folgen einige Muster-Afformationen, um Ihnen anfangs zu helfen:

- Warum bin ich so schön?
- Warum bin ich so gescheit?
- Warum sage und mache ich immer das Richtige?
- Wie kam es, dass ich so gut aussehe?
- Warum bin ich so attraktiv?
- Warum mögen mich so viele schöne, sympathische Menschen so sehr?
- Warum bin ich so geborgen?
- Warum kümmert man sich so um mich?
- Warum schätzen mich so viele Menschen und erkennen mich an und das, was ich für sie tue?
- Warum bin ich so wundervoll?
- Warum bekomme ich immer das, was ich wirklich brauche, zum für mich richtigen Zeitpunkt?

Ich bezweifle nicht, dass diese Afformationen Ihnen die ersten paar Male, wenn Sie sie einsetzen, ziemlich unglaublich vorkommen werden. Sie sind aber auch nicht gleich den Großen Preis von Monte Carlo mitgefahren, als Sie sich zum ersten Mal in ein Auto setzten.

Sie haben vielleicht bemerkt, dass viele der Beispiel-Afformationen, die ich Ihnen vorgegeben habe, mit dem Wort „warum" anfangen. Warum ist das wohl so? Erinnern Sie sich an Kapitel 4, als wir erkannten, dass 90 Prozent der menschlichen Motivation vom „Warum" herrührt und nur zehn Prozent vom „Wie" resultiert? Dieses Prinzip wird beim Einsatz positiver Afformationen unmittelbar angewendet. Der springende Punkt beim Fragen von Afformationen ist es *nicht,* die Antworten auf Ihre Fragen zu finden! Nachdem Sie sich eine Afformation gestellt haben, müssen Sie nicht dasitzen und versuchen, die Frage zu beantworten.

Stattdessen werden Sie wahrscheinlich einfach mit der Zeit bemerken, dass Sie sich anders fühlen, wenn Sie die Afformationen fragen. Denken Sie daran, unser Gehirn ist wie ein Computer. Wenn Sie einen Computer bitten, etwas zu tun (indem Sie ihm einen Befehl eingeben), kann er nicht zu Ihnen sagen: „Tut mir leid, ich mag das jetzt nicht gleich erledigen.“ Ihm bleibt nichts anderes übrig, als zu versuchen, Ihren Befehl auszuführen.

Wenn Sie einmal eine Frage in Bewegung gesetzt haben, ist sie unwiderruflich. Unumkehrbar. Ein eingegangener Vertrag. Deshalb brauchen Sie sich nicht zu sorgen, ob Sie alle Antworten – oder überhaupt welche – auf Ihre Fragen finden. Ihr Gehirn muss versuchen, sie zu beantworten. Folgendes wird allmählich geschehen, sowie Sie beginnen, negative Afformationen durch positive zu ersetzen:

Sie werden beginnen, sich besser zu fühlen. Warum! Weil Sie fragten: „Warum fühle ich mich besser?“

Sie werden an Selbstbewusstsein gewinnen. Warum? Weil Sie fragten: „Warum habe ich so viel Selbstbewusstsein?“

Sie werden zu erkennen beginnen, dass alle diese selbst zerstörerischen Bilder und Botschaften, die Sie so lange Zeit über sich selbst glaubten, falsch waren. Warum? Weil Sie fragten: „Warum bin ich so wundervoll und großartig?“

Sie werden anfangen, über sich selbst zu staunen. Warum? Weil Sie fragten: „Warum bin ich genug?“

Machen Sie sich keine Sorgen darüber, ob Ihre Afformationen perfekt sind. Alles, was Sie für den Rest Ihres Lebens tun müssen, ist, sich zu fragen: „Was wäre eine tolle Frage, die ich mir jetzt in diesem Moment stellen könnte?“ Dann lassen Sie Ihr Gehirn die Arbeit selbst erledigen. (Das ist es, was es nicht umhin kann, zu tun.)

Der Einsatz von Afformationen stellt einen bedeutenden Durchbruch im Studium des Erfolges dar. In der Tat haben mir viele Leute gesagt, dass der Einsatz von Afformationen mehr als jeder andere Faktor in diesem Buch ihr Leben verändert hat. Denken Sie jedoch daran, dass Sie ohnehin bereits Afformationen gebrauchen, obwohl Sie sie vielleicht unbewusst einsetzen. Nachdem Sie gelesen haben, was Sie und Ihr Gehirn tun, ist es Ihnen unmöglich, sich dessen noch länger *nicht* bewusst zu sein. (Wie Emerson sagte: „Ein einmal erweitertes Bewusstsein kann nicht wieder seine frühere Gestalt annehmen.“) Warum sollten Sie nicht Afformationen bewusst einsetzen, um das Leben hervorzubringen, das Sie immer wollten?

„Warum bin ich am Leben?“

Die wichtigste Frage dieses Buches kann auf den folgenden Seiten gefunden werden.

Kapitel 18

Was ist Erfolg?

Es mag komisch erscheinen, dass ich diese Frage erst jetzt stelle. Schließlich haben wir im Verlauf des gesamten Buches untersucht, warum Menschen Erfolg haben beziehungsweise nicht haben; warum wir Erfolg fürchten und uns ersehnen und warum das Leben wirklich will, dass wir Erfolg haben und ihn genießen, und dies sogar braucht.

Haben Sie schon einmal bemerkt, wie wenige von all den Büchern und Programmen, die es über Erfolg gibt, Ihnen überhaupt verraten, was Erfolg tatsächlich ist?

Offen gestanden, nach dem Durcharbeiten von buchstäblich Hunderten von Büchern, Artikeln und anderen Materialien über Erfolg erinnere ich mich nicht daran, dass irgendeines jemals Erfolg definiert hätte. Ja, sie handelten davon, was es bedeutet, Erfolg zu haben, und dass Erfolg mehr ist als Geld, Reichtum und materielle Dinge und all so was – aber ich erinnere mich nicht, dass eines dieser Bücher genau definiert hätte, was Erfolg tatsächlich ist, geschweige denn, warum das Leben will, dass wir Erfolg haben.

Was ist dann also Erfolg? Diese Frage wird mir häufiger als irgendeine andere gestellt. Hier ist die Antwort:

Das englische Wort für Erfolg, *„success"*, kommt aus dem Lateinischen und bedeutet „nachgehen" (*sub-*, nach und *cedere*, gehen). Ist es nicht faszinierend, dass das, dem die meisten von uns im Leben hinterherjagen, Erfolg ist, und dass der Begriff dafür von einem Wort stammt, das „nachgehen" bedeutet? Erfolg bedeutet einfach „der Gewinn von etwas, das man ersehnt, geplant oder versucht hat".

Dies bringt uns auf einen weiteren interessanten Aspekt des lateinischen Verbes *succedere;* was so viel heißt wie „als nächstes kommen in Bezug auf Zeit oder Folge; einen anderen in einem Amt oder einer Position ersetzen".

Halten wir für einen Augenblick inne und betrachten wir diese Definition hinsichtlich dessen, was Erfolg tatsächlich ist. Denken Sie an alle Erfolgsgeschichten, die Sie in Ihrem Leben je gehört haben. Haben Sie erkannt, dass jeder Erfolgsbericht der Geschichte in Wirklichkeit eine *Geschichte des Ersetzens* ist?

Ich will damit sagen, dass Erfolg buchstäblich der Prozess des Ersetzens von etwas (z.B. einer Handlung oder eines Produktes) durch etwas Besseres ist. Durch etwas, das ein vorteilhafteres Ergebnis für eine Gruppe von Menschen oder die gesamte Menschheit hervorbringt. Zum Beispiel:

Galileo ersetzte das menschliche Auge durch das Fernrohr.

Albert Einstein ersetzte die Newtonsche Gesetze durch das Wissen über das Atom.

Henry Ford ersetzte die Einzelanfertigung durch den Massenproduktionsprozess.

Thomas Edison ersetzte die Petroleumlampe durch die Glühbirne.

Jede Erfolgsgeschichte, die Sie anführen könnten, ist in Wirklichkeit die Geschichte einer Person, die etwas durch etwas anderes ersetzte, durch etwas, das den Menschen bessere Dienste leistete. Je größer die Zahl der Leute, die das Neue besser fanden als das Alte, das es ersetzte, desto erfolgreicher die Erfolgsgeschichte. Das wirft ein anderes Licht auf das Thema „Erfolg", als wir es gewöhnt sind, nicht wahr?

Um einen Vergleich anzuführen: Wenn Sie mit dem Auto irgendwohin fahren wollen, steigen Sie nicht einfach ein, werfen den Motor an, treten aufs Gas und lassen es fahren, wohin es fahren will. Sie lenken das Fahrzeug dahin, wohin Sie fahren wollen. Das ist Ihre Aufgabe. Die Aufgabe des Autos ist es, Sie schneller dorthin zu bringen, als Sie dorthin gelangen könnten, wenn Sie Ihre eigene Fortbewegungskraft benutzten (deshalb sind wir von Autos auch so angetan).

Wenn Sie Erfolg ansteuern, würde es auf ähnliche Weise Ihre Aufgabe sehr erleichtern, wenn Sie wüssten, wohin Sie wollen, ehe Sie in Ihr Auto steigen. Um Ihnen Ihre Aufgabe zu vereinfachen, möchte ich Ihnen eine Definition von Erfolg präsentieren, die Sie sowohl als Ihr Fahrzeug wie auch als Ihren Bestimmungsort verstehen können.

Wenn wir alles mit einbeziehen, was hier in diesem Buch dargelegt wurde, können wir sehen, dass Erfolg einfach *der Prozess,* bessere Fragen zu stellen, ist. Verblüffenderweise ist Erfolg auch das *Resultat* besserer Fragen.

Heute gibt es mehr Gelegenheiten für Erfolg als zu irgendeiner anderen Zeit in der Geschichte. Wenn wir allerdings uns und anderen negativ beeinflussende Fragen stellen, verbauen wir uns diese Gelegenheiten. Bitte beachten Sie: Ich sagte nicht, dass Erfolg heißt, Sie müssten all die richtigen Antworten finden. Es ist nicht Ihre oder meine Aufgabe, alle richtigen Antworten zu wissen.

Wenn Sie wirklich Erfolg haben wollen, tun Sie Folgendes:

Stellen Sie bessere Fragen.
Stellen Sie die Fragen, auf die Leute wirklich eine Antwort wollen und brauchen.
Stellen Sie Fragen, die noch nie jemand zu stellen wagte.
Stellen Sie Fragen, die Sie die Wirklichkeit hin und wieder in Frage stellen lassen.
Fragen Sie weiter ...
und lassen Sie das Leben sich um den Rest kümmern.

Was ist Erfolg?

Erfolg, liebe Leserin und lieber Leser, ist es, bessere Fragen zu stellen ...

... und zuzulassen, dass das Leben Ihnen jede Antwort gibt, die Sie sich vorstellen können.

Kapitel 19

Wo Sie die Hilfe, die Sie brauchen, finden

Wo können Sie – nun da Sie das Problem der Erfolgsmagersucht verstehen – weitere Hilfe finden, um diesen Zustand zu überwinden?

Medizinische und helfende Berufe

Bei einigen medizinischen und helfenden Berufen werden die Absolventen entsprechend ausgebildet, wie man mit Essgestörten wie Anorektikern und Bulimikern umzugehen hat. Natürlich unterscheiden sich die Bedürfnisse eines von Erfolgsmagersucht Betroffenen etwas, obwohl der Prozess, sie zu überwinden, ähnlich sein mag.

Die meisten praktischen Ärzte sind sehr fürsorgliche Menschen, die den Patienten wirklich helfen wollen. Es ist wichtig, dass Sie sowohl die Stärken wie auch die Grenzen der üblichen Therapien kennen, sowie derjenigen, die sie praktizieren, und die für Sie richtigen Schritte unternehmen.

Traditionelle Erfolgsliteratur

Bestimmt haben Sie in Ihrem Leben schon viele dieser Ratgeber gelesen und sich die entsprechenden Kassetten angehört, ach ja, und sie haben (unabsichtlich) zum Problem der Erfolgsmagersucht beigetragen. Warum also empfehle ich sie dann?

Ich empfehle sie, weil Sie, nun da Sie wissen, warum Sie sich in puncto Erfolg ausgehungert haben, endlich sehen können, warum das Wissen um all das „Wie" der Welt Ihnen nicht helfen wird, wenn Sie sich nicht die Erlaubnis zum Erfolg erteilen.

Wetten, dass Sie, nachdem Sie die Informationen in diesem Buch gelesen und angewendet haben, eine Menge dieser Ratgeber, die Ihnen vorher nicht eben geholfen haben, nunmehr sinnvoll einsetzen können, weil Sie jetzt im Vorfeld die hier gezeigten Hilfsmittel einsetzen können, um sich die Erlaubnis zum Erfolg zu erteilen. Ich darf Sie daran erinnern, dass eine Menge der gängigen Erfolgsratgeber dazu neigt, auf den Punkt zu kommen und ergebnisorientiert zu sein, und sich darauf konzentriert, wie Sie bekommen, was Sie wollen – weil genau dies der Zweck dieser Literatur ist.

Eine Liste mit Titeln traditioneller Selbsthilfeliteratur folgt unter *Weiterführender Literatur*.

Die Success Clinic

Die Success Clinic (dt. Erfolgsklinik) ist das erste und einzige mir bekannte Zentrum dieser Art. Meines Wissens bieten wir die weltweit einzigen Programme an, deren alleiniger Zweck darin besteht, mit Leuten zu arbeiten, die aufhören wollen, sich selbst in puncto Erfolg auszuhungern.

In der Erfolgsberatung, dem von mir entwickelten System, um Betroffenen bei der Überwindung ihrer Erfolgsmagersucht zu helfen, wird Ihnen vermittelt, wie man aufhört, sich in puncto verdientem Erfolg auszuhungern, und wie man erlernen kann, all den persönlichen und beruflichen Erfolg zu genießen, den das Leben für Sie vorhält.

Ich erarbeite gegenwärtig ein Lehrprogramm, um mittels globaler Kommunikationstechnologie den Menschen weltweit Erfolgsberatung zukommen zu lassen.

Epilog: Das letzte Wort über Erfolg

„Derjenige war erfolgreich, der gut gelebt, oft gelacht und viel geliebt hat; der die Achtung kluger Menschen und die Liebe kleiner Kinder gewonnen hat; der seine Nische ausgefüllt und seine Aufgabe vollbracht hat; der die Welt besser zurückgelassen hat, als er sie vorfand, ob nun durch eine veredelte Mohnblume, ein vollkommenes Gedicht oder eine gerettete Seele; der es nie an Wertschätzung für die Schönheit der Erde fehlen ließ oder dem es gelang, dies zum Ausdruck zu bringen; der das Beste in anderen gesucht und sein Bestes gegeben hat; dessen Leben Inspiration war, dessen Erinnerung ein Segen ist.“

A.J. Stanley

„Oft und viel zu lachen;
Die Achtung kluger Menschen zu gewinnen und die Zuneigung von Kindern;
Die Wertschätzung aufrichtiger Kritiker zu verdienen und den Verrat falscher Freunde zu erdulden;
Schönheit wertzuschätzen;
Das Beste in anderen zu entdecken;
Die Welt ein wenig besser zu verlassen, ob durch ein gesundes Kind, ein Gartenbeet oder verbesserte soziale Bedingungen;
Zu wissen, dass nur ein Leben leichter atmete, weil man gelebt;
Dies heißt, von Erfolg gekrönt zu sein.“

Ralph Waldo Emerson
(das oben abgedruckte Gedicht von A.J. Stanley, die zu seiner Zeit lebte, paraphrasierend)

Wer ist Noah St. John?

Noah St. John leitet die Success Clinic in Hadley, Massachusetts. Er arbeitet mit Menschen, die aufhören wollen, sich selbst am Erfolg zu hindern, und mit Unternehmen und Organisationen, die anstreben, dass die Belegschaft glücklich und produktiver ist.

Zusätzlich zu der individuellen Arbeit mit einzelnen Klienten leitet Noah St. John Workshops und Präsentationen, die maximales Wachstum durch den Einsatz bewiesener Erfolgsstrategien fördern sollen. Er arbeitet mit Teamchefs und Entscheidungsträgern, die die Ausbeute ihrer Zeit, ihres Geldes und Talentes maximieren wollen.

Noah St. John betont die Wichtigkeit des Einsatzes der richtigen Prinzipien, um ein solides Fundament für kontinuierliches Wachstum und langfristigen Erfolg aufzubauen, anstelle irgendwelcher Schnellverfahren, die meist keine dauerhaften Erfolge zeitigen.

Er ist der Autor von *Permission to Succeed* und gibt einen elektronischen Newsletter heraus, der von Geschäftsführern und Verkaufsprofis in mehr als 24 Ländern weltweit gelesen wird. Gegenwärtig arbeitet er an einem zweiten und dritten Band dieser Reihe, die davon handeln, wie und warum man sich Erfolg gestattet.

Für Informationen kontaktieren Sie bitte:
The Success Clinic
P.O. Box 2773
Amherst, MA 01002

Oder besuchen Sie uns online unter:
www.SuccessClinic.com

Weiterführende Literatur

Canfield, Jack: The Aladdin Factor. Berkley Publishing, 1995

Carnegie, Dale: Besser miteinander reden. Scherz Verlag, 1997

Carnegie, Dale: Wie man Freunde gewinnt. Scherz Verlag, 2000

Claude-Pierre, Peggy: Secret Language of Eating Disorders. Bantam, 1998

Covey, Stephen R.: Daily Reflections for Highly Effective People. Fireside Books & Simon & Schuster, 1994

DeBecker, Gavin: Mut zur Angst. Wolfgang Krüger Verlag, 1999

Frankl, Viktor E.: Der Mensch vor der Frage nach dem Sinn. Piper Verlag, 1999

Frankl, Viktor E.: Will to Meaning. Plume, 1989

Hill, Napoleon: Denke nach und werde reich. Hugendubel Kreuzlingen, 1998

Holmes, Ernest: Science of Mind. Tarcher Jeremy Publisher, 1997

Olivelle, Patrick: Upanisads. Oxford World's Classics, 1998

Pilzer, Paul Zane: God Wants You to Be Rich. Fireside Books & Simon & Schuster, 1997

Walsch, Neale Donald: Gespräche mit Gott. Goldmann Verlag, 2000

Stichwortverzeichnis